Gesundheit in Wort & Bild

Die Ratgeber der Reihe »Gesundheit in Wort & Bild« erklären in leicht verständlicher Form häufige Krankheiten und gesundheitliche Störungen. Jeder Band enthält wertvolle Anregungen, Tips und Hinweise zur gesunden Lebensführung und ein umfangreiches Bildmaterial, das Abläufe und Zusammenhänge beim Krankheitsgeschehen verdeutlicht. Außerdem erfahren Betroffene, welche Möglichkeiten zur Vorbeugung und Selbsthilfe ihnen zur Verfügung stehen. Eine Übersicht über die bisher erschienenen Ratgeber dieser Reihe finden Sie auf den letzten Seiten dieses Bandes.

Wichtiger Hinweis

Die medizinische Wissenschaft entwickelt sich ständig weiter. Forschung und klinische Erfahrungen führen zu neuen Erkenntnissen, insbesondere bei der Behandlung mit Medikamenten. Soweit in diesem Buch deren Anwendung und Dosierung erwähnt wird, entsprechen diese Angaben dem Wissensstand bei Drucklegung dieses Werkes. Wir weisen aber darauf hin, daß eine Haftung für die Richtigkeit nicht übernommen werden kann. Wir bitten daher alle Leser, die Beipackzettel der verwendeten Medikamente genau zu studieren, ob die dort gegebenen Empfehlungen für die Dosierung, die Warnhinweise und Kontraindikationen eventuell gegenüber den Angaben in diesem Buch abweichen. Fragen Sie im Zweifelsfall immer Ihren Arzt oder Ihren Apotheker.

Gesundheit in Wort & Bild

Magen-beschwerden

Nervöser Magen, Gastritis, Geschwüre

von Prof. Dr. med. Hans Bosseckert

WORT & BILD VERLAG

Die Ratgeber-Reihe »Gesundheit in Wort & Bild«
wurde entwickelt in Zusammenarbeit mit:
Deutsches Grünes Kreuz, Marburg,
Bundesvereinigung für Gesundheit (BfGe), Bonn,
Deutsche Zentrale für Volksgesundheitspflege, Frankfurt.

ISBN 3-927216-31-3
1. Auflage 1993

Lektorat: Dr. Sabine Haaß
Druck: Gerber + Bruckmann, München

Gedruckt auf chlorfrei hergestelltem Papier

9 Einführung

13 Der Magen und seine Umgebung

13 Zwischen Speiseröhre und Zwölffingerdarm
21 Was tut der Magen für die Verdauung?

33 Der Gang zum Arzt

34 Das Gespräch mit dem Arzt
37 Die körperliche Untersuchung
38 Labormedizin
39 Die Magensaftuntersuchung
40 Die Röntgenuntersuchung
42 Die Magenspiegelung (Gastroskopie)
46 Die Ultraschalluntersuchung (Sonographie)

49 Der »nervöse Magen« oder Reizmagen

49 Wenn etwas »im Magen liegt«: funktionelle Magenbeschwerden
57 Völlegefühl im Magen – die Dyspepsie vom Motilitätstyp
57 Die Beschwerden
58 Die Behandlung
60 Sodbrennen – die Dyspepsie vom Rückflußtyp
60 Die Beschwerden
64 Die Behandlung
69 Schmerzen auf nüchternen Magen – die Dyspepsie vom Geschwürstyp
69 Die Beschwerden
70 Die Behandlung
71 Die »essentielle« Dyspepsie
71 Die Beschwerden
73 Die Behandlung

73 Der Reizdarm
73 Die Beschwerden
75 Die Behandlung

77 Die Magenschleimhautentzündung (Gastritis)

77 Die akute Gastritis
77 Die Beschwerden und ihre Ursachen
79 Die Behandlung
80 Die chronische Gastritis
80 Eine »verborgene Krankheit«
82 Die Behandlung

85 Geschwüre im Magen und Zwölffingerdarm

85 Was ist ein Geschwür?
88 Die Beschwerden und ihre Ursachen
95 Komplikationen bei Geschwüren
99 Die Behandlung von Geschwüren

105 Geschwülste (Tumoren) im Magen

106 Gutartige Tumoren: Magenpolypen
108 Bösartige Tumoren: der Magenkrebs

115 Ärztliche Behandlung von Magenbeschwerden

115 Die Medikamente und wie sie wirken
117 Säurebindende Mittel (Antazida)
119 Säurehemmende Mittel
122 Schleimhautschützende Mittel
123 Mittel gegen Magenentleerungsstörungen und Übelkeit (Prokinetika)
124 Krampflösende Mittel und Beruhigungsmittel

125 Die Magenoperation
127 Die Operationsverfahren
130 Wie man sich nach einer Magenoperation richtig verhält

135 Vorbeugung und Selbsthilfe
135 Gesunde Lebensführung
137 Ernährung: der Sinn von Schonkost und Diäten
141 Genußmittel: Alkohol, Kaffee, Nikotin
143 Medikamente: Nebenwirkungen auf den Magen
147 Streß – ein Gesundheitsrisiko?
149 Pflanzliche Heilmittel

161 Gute Aussichten für Magenkranke

163 Stichwortverzeichnis

Einführung

Etwa die Hälfte der bundesdeutschen Bevölkerung leidet hin und wieder unter Magenbeschwerden. Fünf bis sechs Millionen Bundesbürger im Jahr suchen deshalb einen Arzt auf, und in der Statistik der Krankenkassen liegen die Arzneimittelverordnungen der Ärzte für den Magen-Darm-Bereich an dritter Stelle.

Magenbeschwerden sind häufig

Diese Zahlen machen eindrucksvoll deutlich, daß Störungen in der Magengegend und im Verdauungstrakt bei uns zu den häufigsten Beschwerden und Erkrankungen gehören. Nicht unbedingt stehen hinter diesen Beschwerden medizinisch nachweisbare Krankheiten. Trotzdem sind sie ein ernstzunehmendes Leiden und für den Betroffenen oft schlimm genug, um sich in ärztliche Behandlung zu begeben. Gerade der Magen und die Verdauung reagieren bei vielen Menschen empfindlich auf seelische Belastungen, auf Kummer, Angst und Streßsituationen. Probleme, die wir »in uns hineinfressen«, »schlagen auf den Magen« und werden »nicht richtig verdaut«. Das Ergebnis sind nicht selten Magenschmerzen, Sodbrennen, Aufstoßen, Völlegefühl nach dem Essen, Übelkeit und Erbrechen.

Kummer »schlägt auf den Magen«

In diesem Ratgeber wollen wir solche Zusammenhänge verständlich machen und Ihnen helfen, mit Magenbeschwerden und Magenerkrankungen verantwortungsbewußt umzugehen. Ein vorangestelltes Kapitel über den Aufbau des Magens und seine Rolle bei der Verdauung vermittelt die nötigen anatomischen Grundkenntnisse. Wer nicht nur kurzfristig, sondern über einen längeren Zeitraum unter Magenbeschwerden leidet, sollte unverzüglich zum Arzt gehen. Was den Patienten dort erwartet und welche Untersuchungsmethoden der Arzt einsetzen kann, um zusammen mit dem Kranken nach den Ursachen zu forschen, die hinter dem Beschwerdebild stecken, beschreibt das Kapitel »Der Gang zum Arzt«. Im Anschluß daran werden die wichtigsten Erkrankungen des Magens, ihre Entstehung und Behandlung einzeln vorgestellt: vom »nervösen Magen« über die Magenschleimhautentzündung (Gastritis) bis zum Magen- und Zwölffingerdarmgeschwür und zum Magenkrebs. Auch diese letzte, schwerwiegende Erkrankung kann, ebenso wie ein Geschwür, mit den Mitteln der modernen Medizin erfolgreich behandelt und geheilt werden – es kommt nur auf das rechtzeitige Erkennen an. Deshalb ist es so wichtig, Probleme mit dem Magen nicht zu verschleppen oder selbst »kurieren« zu wollen, sondern so bald wie möglich einen Arzt zu Rate zu ziehen.

Was Sie in diesem Buch finden

Zur Therapie von Magenerkrankungen sind in den letzten Jahren eine Reihe nützlicher Medikamente entwickelt worden. Wie sie wirken und wann sie eingesetzt werden, erfahren Sie in einem besonderen Kapitel, das auch über die gängigen Verfahren der Magenoperation informiert und Tips für das richtige Verhalten nach einer Operation gibt.

Welche Medikamente wofür?

Man weiß heute, daß sich durch eine gesunde Lebensführung vielen Magenerkrankungen vorbeugen läßt und daß betroffene Menschen selbst einiges tun können, um ein bereits bestehendes Magenleiden

Tips für die richtige Ernährung

nicht zu verschlimmern. Wer einen empfindlichen Magen hat, muß darauf achten, welche Speisen er verträgt und welche er meiden sollte. Das verhält sich bei jedem Menschen anders und hat sich oft erst durch eigene schmerzhafte Erfahrungen herausgestellt. Genußmittel wie Nikotin, Alkohol und Kaffee können eine angegriffene Magenschleimhaut reizen und das Abheilen von Geschwüren hinauszögern. Eine ähnlich nachteilige Wirkung ist für bestimmte Wirkstoffe in Schmerz- und Rheumamitteln nachzuweisen, die bei der Entstehung von Geschwüren eine Rolle spielen. Wer unter Rheuma leidet und solche Präparate einnimmt, muß sich mit dieser Möglichkeit rechtzeitig auseinandersetzen. Schließlich hat auch unser oft streßbeladener Alltag seinen Einfluß auf den Magen – und nicht immer wird man bekannte Streßfaktoren im Hinblick auf die eigene Gesundheit sofort ausschalten können.

Vorsicht bei Schmerzmitteln

Der letzte Teil des Ratgebers befaßt sich ausführlich mit allen diesen Aspekten unserer modernen Lebenswelt und ihren Auswirkungen auf den gesunden wie auf den kranken Magen. Er gibt Tips zur richtigen Ernährung, zum gesundheitsbewußten Umgang mit Genußmitteln und zum »magenschonenden« Verhalten in körperlichen und psychischen Streßsituationen. Und er enthält praktische Hinweise, wie Sie sich bei leichteren Magenbeschwerden mit pflanzlichen Heilmitteln selbst helfen können.

Heilpflanzen können helfen

Der Magen und seine Umgebung

Um zu verstehen, was im Magen und bei der Verdauung »schieflaufen« und Beschwerden machen kann, wollen wir uns zunächst genauer ansehen, wie der Magen aufgebaut ist und welche Aufgaben ihm für die Verdauung zukommen.

Zwischen Speiseröhre und Zwölffingerdarm

Der Magen: ein elastischer Muskelsack

Den Magen muß man sich als dehnbaren, elastischen Muskelsack vorstellen. Er befindet sich im oberen Teil der Bauchhöhle, direkt unterhalb des Zwerchfells und in enger Nachbarschaft zu anderen wichtigen Organen. Links vom Magen liegt die Milz, auf der rechten Seite die Leber, die ihn teilweise überdeckt, und hinter dem Magen die Bauchspeicheldrüse. Links unter dem Magen verläuft der Dickdarm. Unter dem rechten Rippenbogen geht der Magen in den ersten Teil des Dünndarms über, den Zwölffingerdarm, ursprünglich so benannt, weil seine Länge etwa der Breite von zwölf Fingern entspricht (in Wirklichkeit ist er um die 30 Zentimeter lang). In den Zwölffingerdarm münden der Gallengang und der Gang der Bauchspeicheldrüse mit ihren Säften, die für die Verdauung unentbehrlich sind (s. Abb. 1).

»Schaltstelle« Zwölffingerdarm

Die Form und die Lage des Magens können sich erheblich verändern. Sie hängen ab von der Körperlage, vom Körperbau – also davon, ob es sich um

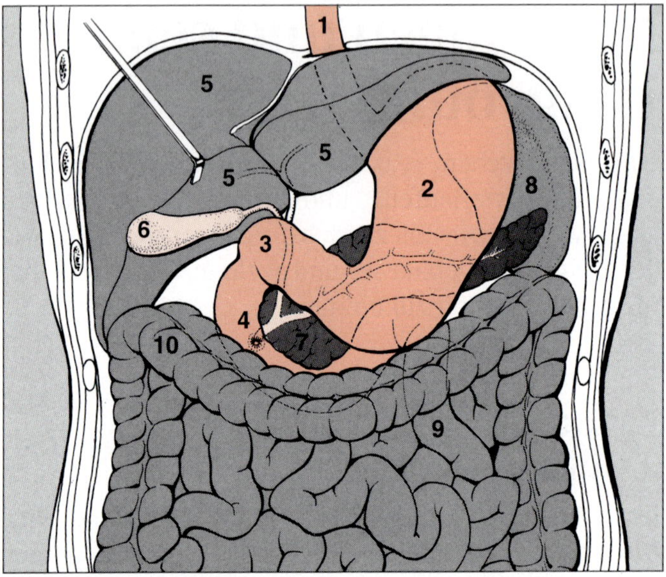

Abb. 1

Ein Blick in den Bauchraum zeigt die enge Nachbarschaft des Magens zu den umgebenden Organen: Speiseröhre (1), Magen (2), Zwölffingerdarm (3) mit Einmündung von Gallen- und Bauchspeicheldrüsengang (4), Leber, aufgeschnitten und hochgezogen (5), Gallenblase (6), Bauchspeicheldrüse (7), Milz (8), Dünndarm (9), Dickdarm (10).

einen zartgliedrigen, einen muskulösen oder einen übergewichtigen, dickleibigen Menschen handelt –, vom Füllungszustand des Magens und seiner Nachbarorgane, besonders des Dickdarms, und davon, ob man gerade ein- oder ausatmet. Gleichzeitig erhält der Magen aber durch bindegewebige Verbindungen zum Zwerchfell und zur Leber eine Verankerung, die seine Beweglichkeit begrenzt.

Verankerung durch Haltebänder

Der Magen wird in verschiedene Abschnitte eingeteilt (s. Abb. 2). Die Speiseröhre erreicht den Magen nicht an seinem obersten Pol, sondern einige Zenti-

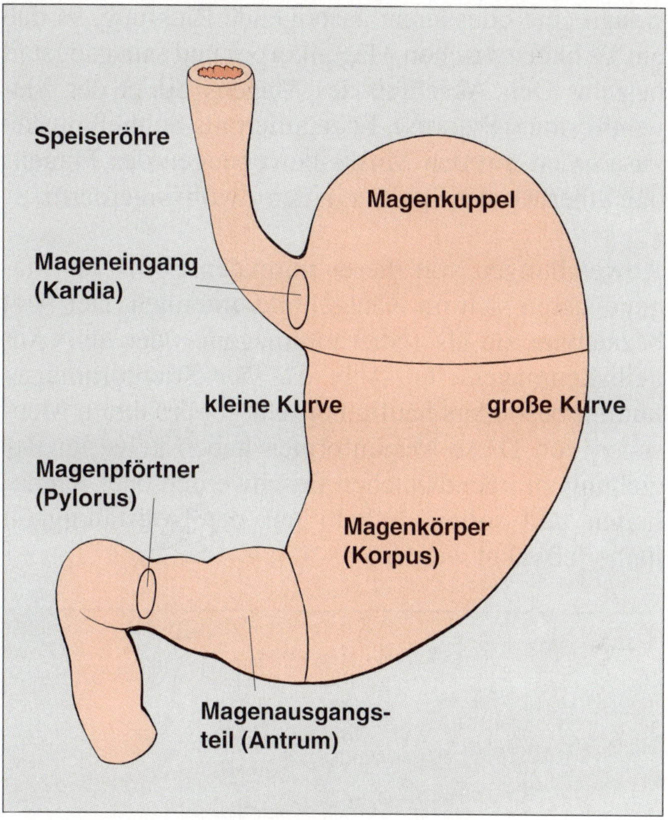

Abb. 2

Die Gliederung des Magens

meter tiefer an der rechten Seite, oberhalb der »kleinen Kurve« des Magens. Dadurch entsteht links vom Mageneingang (Kardia) eine Kuppel, in der sich normalerweise immer etwas Luft befindet, die beim Schlucken mit in den Magen gelangt. An die Magenkuppel schließt sich der Magenkörper (Korpus) an, der im Stehen parallel zur Körperlängsachse verläuft und in den Magenausgangsteil (Antrum) übergeht. Dieser hat eine mehr oder weniger ausgeprägte

»Luftblase« in der Magenkuppel

waagrechte oder leicht ansteigende Richtung, so daß ein Winkel zwischen Magenkörper und -ausgangsteil besteht. Den Abschluß des Magens bildet der Magenpförtner (Pylorus). Er reguliert als Schließmuskel zusammen mit den Muskelbewegungen des Magens den Übertritt der Speisen in den Zwölffingerdarm.

Pförtner schließt den Magen

Abweichungen von dieser normalen Form des Magens lassen sich im Röntgenbild erkennen. Der Arzt bezeichnet sie als »Stierhornmagen« oder als »Angelhakenmagen« (s. Abb. 3). Der Stierhornmagen kommt besonders häufig bei sehr gut ernährten Menschen vor. Diese Magenformen haben keinerlei Beziehung zu irgendwelchen Beschwerden oder Krankheiten und sollen deshalb nur der Vollständigkeit halber erwähnt werden.

Verschiedene Magenformen

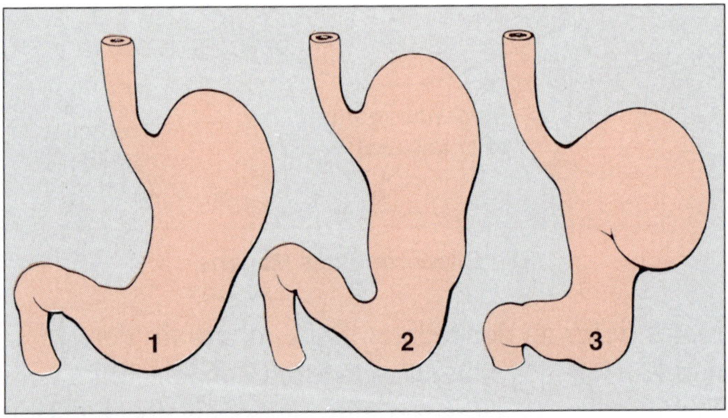

Abb. 3

Magenformen, die von der Norm abweichen, ohne Beschwerden zu machen: Stierhornmagen (1), Angelhakenmagen (2), Kaskadenmagen (3)

Bei abgemagerten oder auch bei sehr schlanken Menschen mit schwächlichem Körperbau kann der Magen sehr tief durchhängen. Diese Magensenkung

(Gastroptose) verursacht aber ebenfalls keine Beschwerden. Ähnlich verhält es sich mit dem sogenannten »Kaskadenmagen«, bei dem der obere Magenanteil um die Querachse geknickt ist und dadurch eine schalen- oder sackförmige Ausbuchtung nach hinten aufweist (s. Abb. 3).

Zwölffingerdarm: Zentralstelle für die Verdauung

Der Zwölffingerdarm (Duodenum) spielt eine zentrale Rolle bei der Verwertung der aufgenommenen Nahrung (s. Abb. 4). Er beginnt am Magenausgang

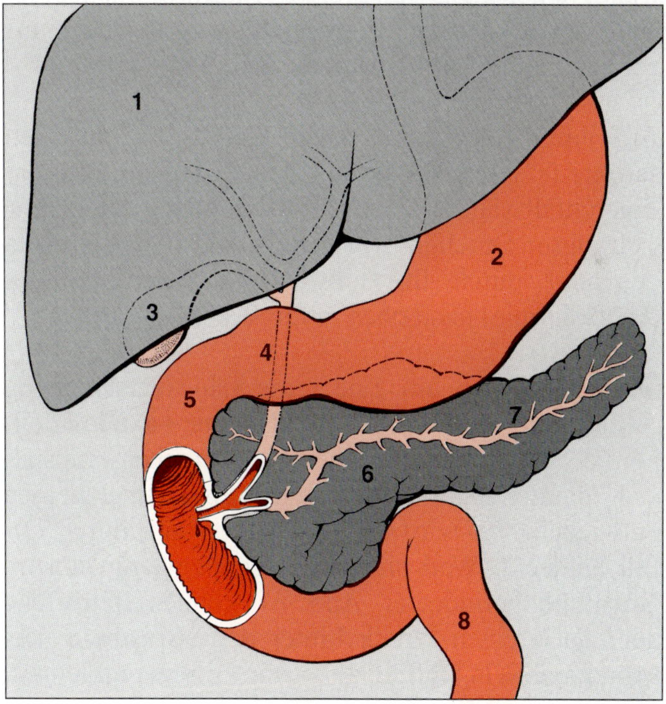

Abb. 4

Rund um den Zwölffingerdarm: Leber (1), Magen (2), Gallenblase (3), Gallengang (4), Zwölffingerdarm (5), Bauchspeicheldrüse (6), Bauchspeicheldrüsengang (7), Dünndarm (8)

mit einer zwiebelförmigen Ausbuchtung (Bulbus) und verläuft dann in einer Kurve um die Bauchspeicheldrüse herum. An der Innenseite dieser Kurve münden der Gallengang und der Gang der Bauchspeicheldrüse (s. Farbtafel 1). Aus beiden Organen fließen Verdauungssäfte in den Darm, die zum einen die Salzsäure aus dem Magen binden und damit unschädlich machen, zum anderen den vorverdauten Speisebrei weiter in seine Bestandteile aufspalten. Von zwei Muskelschichten in der Darmwand, einer längs und einer ringförmig angeordneten, wird der Darminhalt ständig in Bewegung gehalten und in den Dickdarm weitertransportiert.

Unentbehrliche Verdauungssäfte

Auf ihrem Weg zum Magen durchstößt die Speiseröhre (s. Abb. 5) kurz vor dem Mageneingang das Zwerchfell (Hiatus). Mit zunehmendem Alter kann sich dieser Durchgang erweitern und der obere Magenanteil durch die entstandene Zwerchfellücke (Hiatushernie) nach oben in die Brusthöhle treten.

Wenn der Magen nach oben wandert

Solange es sich um eine reine Längsverschiebung des Magens nach oben handelt – eine »axiale Gleithernie« in der medizinischen Fachsprache –, müssen sich daraus nicht notwendigerweise Beschwerden entwickeln; oft wird die Verlagerung nur durch Zufall entdeckt. Weil sich der Mageneingang nun im Brustkorb befindet (s. Abb. 6), können Betroffene aber auch einen Druck hinter dem Brustbein verspüren oder ein Gefühl, als ob sich etwas einklemmt. Das passiert besonders nach reichhaltigen Mahlzeiten, im Liegen und beim Bücken, oder in Situationen, die kurzzeitig zu einem erhöhten Druck im Bauchraum führen (Niesen, Husten, Pressen).

Mögliche Folge: Sodbrennen

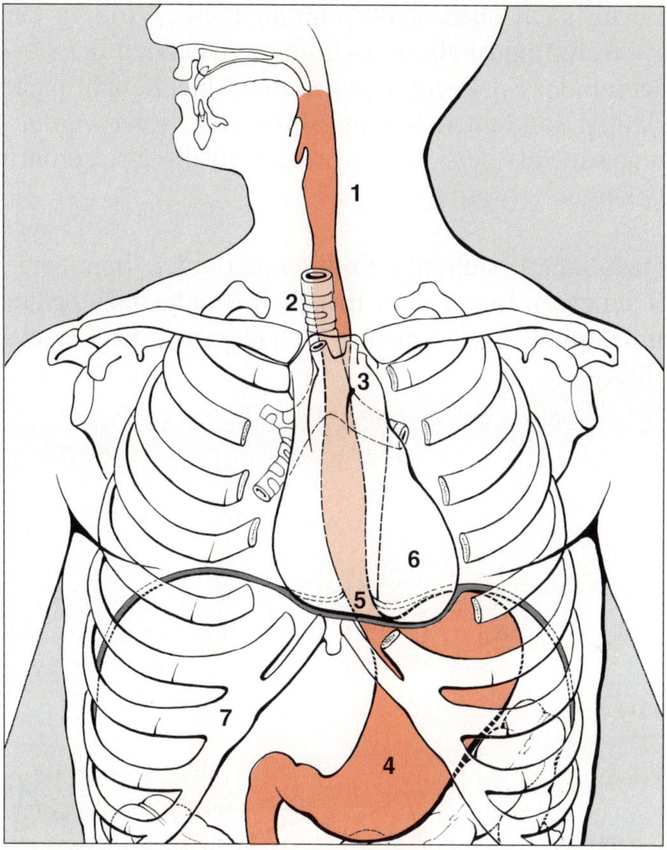

Abb. 5

Die Speiseröhre (1) verläuft zwischen Luftröhre (2) und Hauptschlagader (3) hindurch bis zum Eingang des Magens (4). Kurz davor durchstößt sie das Zwerchfell (5). Herz (6) und Brustkorb (7), die vor dem Verdauungstrakt liegen, sind in Umrissen mit dargestellt.

Verschluß zwischen Speiseröhre und Magen ist »undicht«

Die Zwerchfellmuskulatur, die die Speiseröhre dort, wo sie durch das Zwerchfell tritt, fest umschließt, verstärkt den Verschlußmechanismus zwischen Speiseröhre und Magen. Wenn infolge eines Zwerchfellbruchs der Mageneingang durch die

Mageninhalt gelangt in die Speiseröhre

Lücke nach oben steigt, entfällt diese Wirkung der Zwerchfellmuskeln. Funktioniert zusätzlich der Verschluß der Speiseröhre gegen den Magen nicht mehr richtig, so können Nahrungsbrei oder saurer Verdauungssaft aus dem Magen zurück in die Speiseröhre gelangen.

Das äußert sich als Sodbrennen oder brennende Schmerzen hinter dem Brustbein (mehr dazu später im Kapitel »Sodbrennen – die Dyspepsie vom Rückflußtyp«).

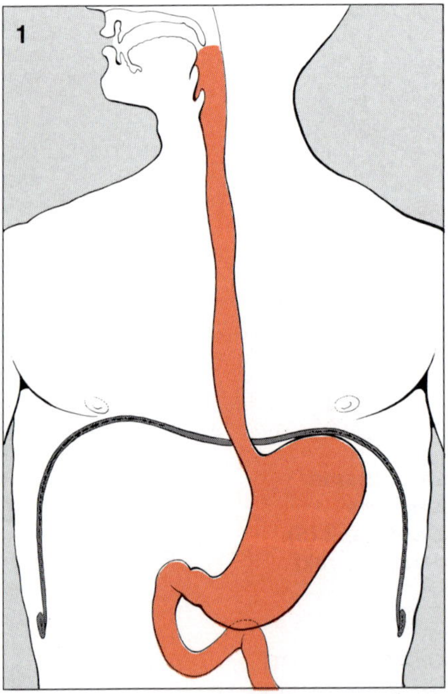

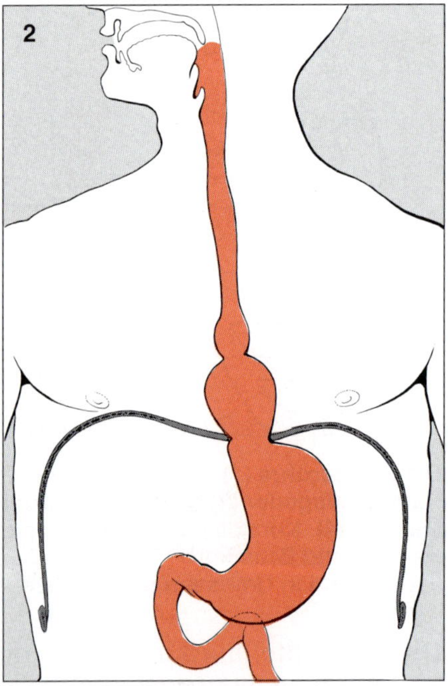

Abb. 6 **Normalerweise liegt der Mageneingang unterhalb des Zwerchfells (1). Bei einem Zwerchfellbruch (Hiatushernie) verlagert sich der obere Teil des Magens durch die erweiterte Zwerchfellücke in die Brusthöhle (2).**

Was tut der Magen für die Verdauung?

Wie der gesamte Magen-Darm-Kanal, von der Speiseröhre bis zum After, ist auch das Mageninnere mit einer Schleimhaut ausgekleidet, die von zwei starken Muskelschichten umgeben ist. Darüber liegt als äußere Hülle ein glatter Bauchfellüberzug (Serosa).

Schützende Magenschleimhaut

Die Magenschleimhaut, die ihren Namen von der Schleimschicht erhalten hat, die sie bedeckt, setzt sich aus verschiedenen Zelltypen zusammen. Die unmittelbar unter der Schleimschicht liegenden Zellen, die sich auch zu Magengrübchen einsenken (s. Abb. 7), bilden die schützende »innere Haut«, die den Magen insbesondere gegen die von ihm gebildete Salzsäure, aber auch gegen die mit der Nahrung zugeführten Keime (Bakterien) und Fremdstoffe unempfindlich macht.

Aufbau aus verschiedenen Zellen

In die Magengrübchen münden die Magendrüsen. Sie produzieren die typischen Absonderungen (Sekrete) des Magens: Salzsäure, Pepsinogen und einen für die Vitamin-B_{12}-Verwertung wichtigen Stoff, den Intrinsic-Faktor. Diese Drüsen setzen sich im wesentlichen aus Belegzellen und Hauptzellen zusammen. Die Belegzellen bilden die Salzsäure und den Intrinsic-Faktor, die Hauptzellen liefern das Pepsinogen, das im Magen durch den Einfluß der Salzsäure zu Pepsin umgewandelt wird. Erst nach dieser Umwandlung kann das Pepsin wirksam werden. Es ist ein körpereigenes Enzym, das im Magen mit der Aufspaltung der mit der Nahrung aufgenommenen Eiweiße beginnt.

Magendrüsen bilden Sekrete

Die vielfältigen Aufgaben des Magens

Der Magen hat viele verschiedene Aufgaben zu bewältigen. Er dient zunächst als Vorratsbehälter für die genossenen Speisen. Er mischt mit Hilfe seiner Muskulatur den Mageninhalt durcheinander und bereitet die Nahrung auf die weitere Verdauung vor. Anschließend transportiert er den Speisebrei in kleinen Portionen weiter in den Zwölffingerdarm. Durch die Salzsäure werden die mit dem Speichel aus der Mundhöhle verschluckten Bakterien vernichtet und können im Dünndarm keine Infektionen auslösen. Obwohl die Verdauung bereits im Magen einsetzt, werden noch keine Nahrungsbestandteile in die Blutbahn aufgenommen. Nur Alkohol und einige Medikamente können direkt durch die Magenwände in den Blutkreislauf gelangen.

Magen dehnt sich je nach Nahrungsmenge

Hat ein Bissen Nahrung die Speiseröhre passiert, so gelangt er über den Magenmund (Kardia) in den Vorratsbehälter Magen, der ein Fassungsvermögen von eineinhalb bis zwei Litern hat. In gewissen Grenzen kann sich der Magen der angebotenen Nahrungsmenge anpassen wie ein elastischer Beutel. Er kann die Spannung seiner Wände auch bei Zufuhr beträchtlicher Nahrungsmengen fast unverändert aufrechterhalten. Die in den Magen gelangte Nahrung wird mit dem Magensaft vermischt und so in einen halbflüssigen Brei umgewandelt. Das wird durch knetende und den Speisebrei vor- und rückwärts schiebende Muskelbewegungen des Magens erreicht.

Speisentransport durch Muskelbewegungen

Der Magen zieht sich dabei rhythmisch zusammen (etwa dreimal pro Minute) und befördert den Speisebrei aus den oberen Magenanteilen (Magenkuppel und -körper) zum Ausgangsteil. Durch den erschlafften Magenpförtner wird dann dosiert

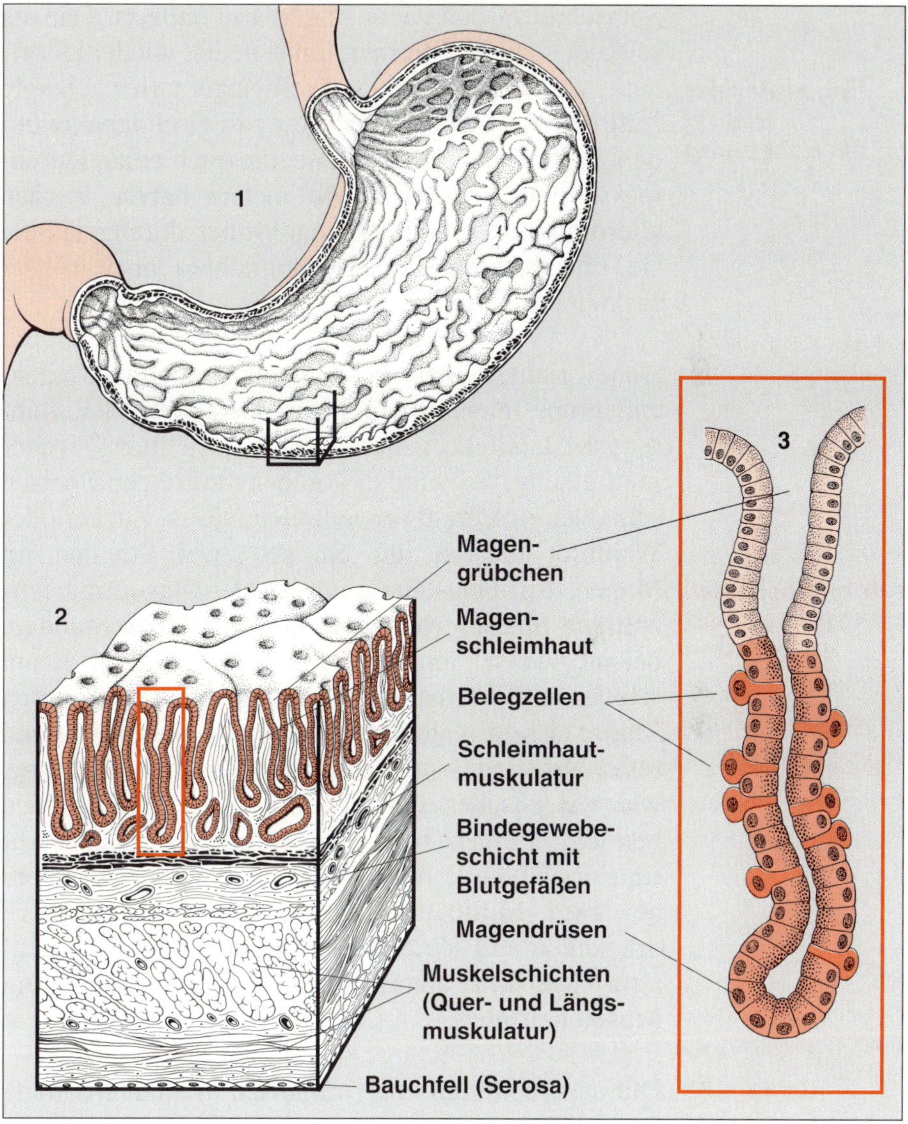

Die Magenschleimhaut hat eine Faltenstruktur (1). Der Querschnitt durch die Magenwand (2) zeigt den Aufbau der Schleimhaut aus Magengrübchen und Magendrüsen (3). ***Abb. 7***

Speisebrei in den Zwölffingerdarm entleert. Danach schließt sich der Pförtner, um sich erst wieder zu öffnen, wenn die in den Zwölffingerdarm gelangte Nahrung weitgehend aus dieser Region verschwunden ist. Nahrungsbestandteile, die noch einen Durchmesser von über zwei Millimetern haben, werden allerdings nicht vom Magenpförtner durchgelassen, sie müssen von der »Magenmühle« noch weiter zerkleinert werden.

Magenpförtner dosiert die Entleerung

Dabei richtet sich die Schnelligkeit der Magenentleerung nicht allein nach der Größe der Nahrungsbestandteile, sondern auch nach ihrer Zusammensetzung. So werden kohlenhydratreiche Speisen schneller entleert als eiweißreiche: Reis, Zucker oder Weißbrot bleiben nur ein bis zwei Stunden im Magen. Am längsten zu tun hat der Magen mit fetthaltigen Speisen (bis zu sechs oder sieben Stunden, beispielsweise Schweinebraten), sie sind auch am schwersten verdaulich. Flüssigkeit verläßt den Magen schon während der ersten Stunde, während feste Nahrung – je nach ihrer Zusammensetzung, wie wir gesehen haben – drei bis sechs Stunden benötigt. Finden sich nach dieser Zeit noch Nahrungsbestandteile mit einem Durchmesser von mehr als zwei Millimetern, dann werden diese durch drückende und schiebende Bewegungen der Muskulatur wie mit einem Reinigungsbesen aus dem Magen befördert.

Schweinebraten dauert am längsten

Verdauung beginnt mit dem Speichel

Die Aufbereitung der Speisen zur Verdauung beginnt bereits im Mund. Hier wird jeder Bissen zerkleinert und mit Speichel vermischt. Dadurch kann er leichter durch die Speiseröhre transportiert werden. Außerdem enthält der Speichel schon Stoffe, die eine Vorverdauung einleiten, und solche, die die Magenschleimhaut vor der Einwirkung der Salzsäure schützen. Deshalb ist es besonders wichtig, jeden Bissen vor dem Schlucken gut durchzukauen. Der Magensaft, der aus Salzsäure, eiweißspaltenden und in geringem Maße auch fettspaltenden Substanzen besteht, setzt dann die Vorverdauung fort.

Jeden Bissen sorgfältig kauen!

Damit erschöpft sich aber nicht die Aufgabe des Magensaftes. Durch seinen Gehalt an Salzsäure vernichtet er, wie bereits geschildert, mit der Nahrung aufgenommene Bakterien. Fehlt die Salzsäure, so kann es zu einer bakteriellen Überwucherung im Magen kommen, der eine Bedeutung bei der Entwicklung bestimmter Magenkrebsarten beigemessen wird. Außerdem sorgt die Magensäure dafür, daß der Körper der Nahrung Eisen entziehen kann. Sie hilft, das Eisen aus dem Speisebrei herauszulösen und in einen für die Aufnahme günstigen Zustand zu bringen.

Magensaft vernichtet Keime in der Nahrung

Die Magensäure steuert auch die Abgabe von Gallen- und Bauchspeicheldrüsensaft in den Zwölffingerdarm. Wenn sie in den Zwölffingerdarm gelangt, setzt sie dort einen speziellen Stoff (Botenstoff) frei, der diese Saftproduktion auslöst.

Schließlich befindet sich im Magensaft der schon erwähnte Intrinsic-Faktor, den der menschliche Körper zur Aufnahme des lebenswichtigen Vitamins B_{12} aus dem Darm benötigt. Fehlt er, dann entwickelt sich eine schwere Blutarmut. Diese kann heute durch regelmäßiges Spritzen von Vitamin B_{12} (alle vier Wochen) erfolgreich behandelt werden.

Magensaft enthält Intrinsic-Faktor

Tabelle 1 stellt die wichtigsten Aufgaben des Magensaftes noch einmal im Überblick zusammen.

Tabelle 1

Was bewirkt der Magensaft?

Die Aufgaben des Magensaftes

- Er setzt die Vorverdauung der Nahrung durch den Speichel fort.
- Er beseitigt mit der Nahrung aufgenommene Keime.
- Er verhindert die bakterielle Überwucherung des Magens durch Keime aus dem Darm.
- Er wandelt Pepsinogen zu Pepsin um und ermöglicht damit dessen Einwirkung.
- Er bereitet die Aufnahme von Vitamin B_{12} und Eisen aus dem Darm vor.
- Er fördert die Ausschüttung von Bauchspeicheldrüsensaft in den Zwölffingerdarm.

Wer ans Essen denkt, produziert Magensaft

Im allgemeinen produziert der Magen im Ruhezustand nur sehr wenig Saft. Allein der Gedanke an ein gutes Essen oder das Sehen, Riechen und Schmecken von Nahrung führen aber schon zu einer vermehrten Saftabgabe (Sekretion). Das beginnt bei der Speichelbildung – es heißt: »Mir läuft das Wasser im Mund zusammen« – und schließt die Magensaftproduktion mit ein. Gesteuert wird dieser Prozeß über einen Teil des vegetativen (nicht vom Willen des Menschen beeinflußbaren) Nervensystems, den Vagusnerv. Er verläuft vom Gehirn zu vielen inneren Organen, unter anderem zum Herzen, und in zwei Bahnen links und rechts der Speiseröhre zum

Magen, wo er sich in ein feines Netz von Nerven in der Magenwand verzweigt (s. Abb. 8).

Die Rolle des Verdauungshormons Gastrin

Ganz entscheidend gesteigert wird die Sekretabgabe, sobald die Nahrung in den Magen gelangt. Der Magen muß sich nun ausdehnen, und diese Dehnung, zusammen mit dem chemischen Reiz der Nährstoffe auf die Schleimhaut, bewirkt die Ausschüttung des Verdauungshormons Gastrin im unteren Magenanteil (Antrum). Gastrin wiederum regt die Schleimhautzellen des oberen Magenanteils

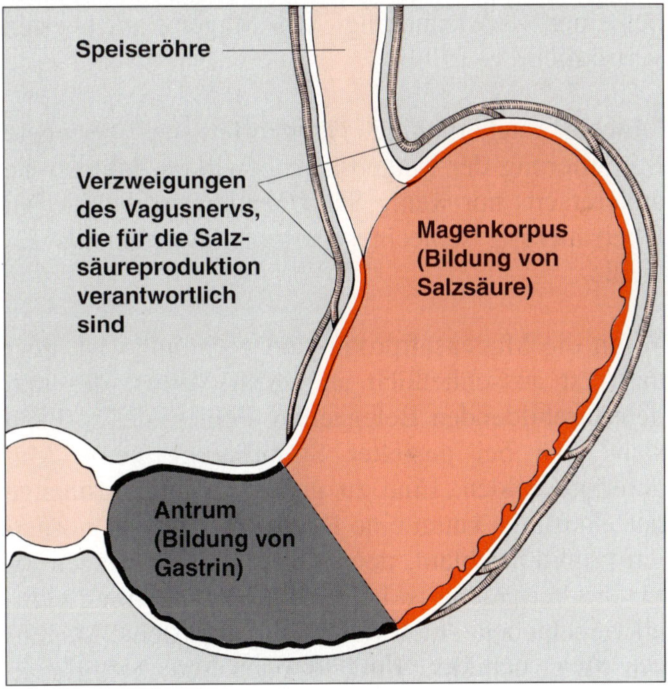

Abb. 8

Das vegetative Nervensystem (der Vagusnerv) und die Ausschüttung von Gastrin im Antrum regen die Schleimhautzellen im Magenkorpus zur Salzsäureproduktion an.

(Korpus) zur vermehrten Salzsäureproduktion an. Mit verantwortlich für die Säurebildung ist auch das von der Schleimhaut selbst produzierte Histamin, auf dessen Einfluß wir später noch zurückkommen werden (s. Kapitel »Säurehemmende Mittel«).

Histamin steuert die Säurebildung mit

Das natürlichste Mittel, das zu einer Förderung (Stimulierung) des Magensaftflusses führt, ist also die Nahrungsaufnahme. Dabei führen insbesondere eiweißhaltige Speisen zu einer deutlichen Stimulierung. Sie binden andererseits die Magensäure von allen Nahrungsstoffen am besten und sind deshalb bei einer »Übersäuerung« des Magens am ehesten verträglich.

Eiweiß bindet Magensäure am besten

Obwohl zuckerhaltige Nährstoffe eine geringere Stimulierung der Magensäure bewirken, können sie andererseits nur wenig Säure binden, so daß sie bei Übersäuerung schlechter vertragen werden als Eiweiße.

Wenn die Magensaftproduktion vermindert ist, liegt das fast ausschließlich an einem Verlust der magensäurebildenden Belegzellen. Fehlen sie, so kann sich auch bei gezielter Stimulierung keine Magensäure bilden. Eine zu geringe Magensaftmenge hat allerdings kaum eine Bedeutung für den normalen Funktionsablauf, denn der Bedarf an Magensaft für die Verdauung ist bei jedem Menschen individuell verschieden. Auch wenn überhaupt keine Magensalzsäure gebildet wird, können die betroffenen Menschen beschwerdefrei sein – solange nicht zusätzlich der Intrinsic-Faktor fehlt, der für die Vitamin-B_{12}-Aufnahme erforderlich ist.

Verdauung klappt auch ohne Magensäure

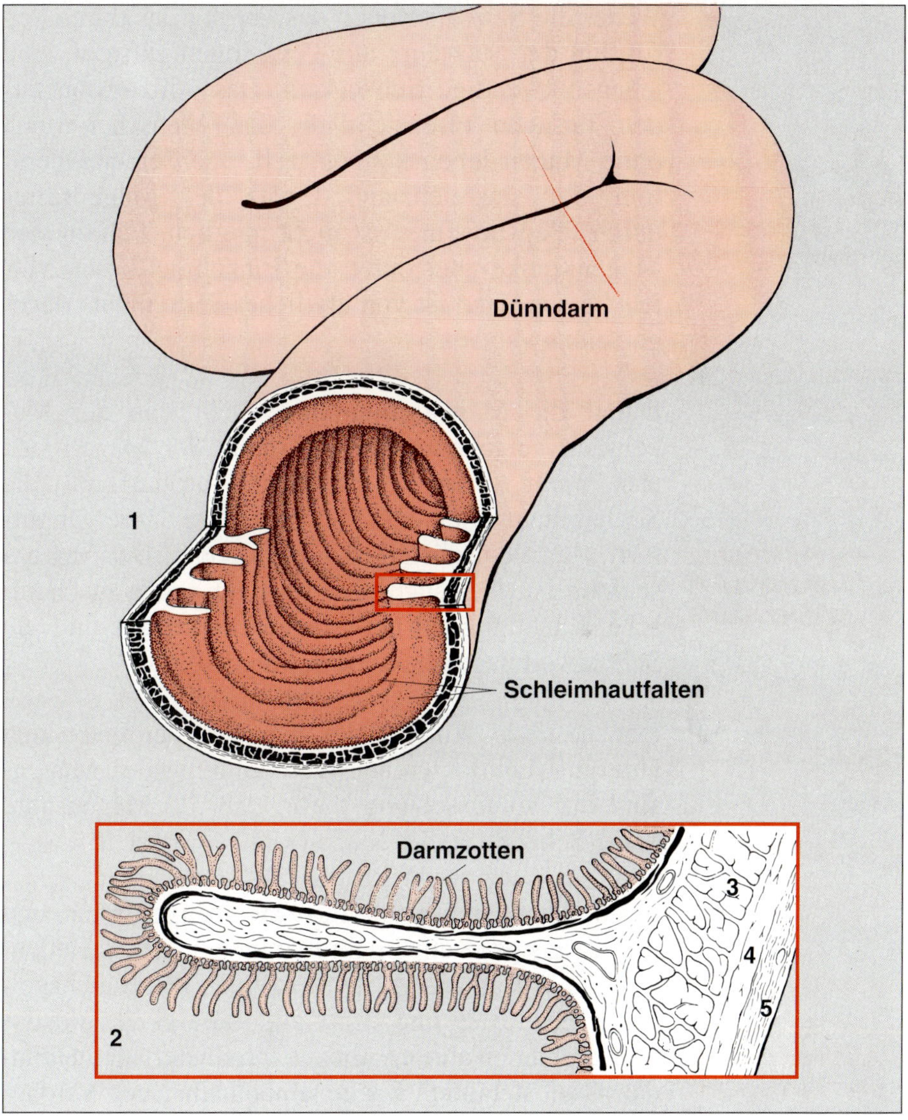

Querschnitt durch den Dünndarm (1) und Vergrößerung einer Schleimhautfalte (2) mit Darmzotten. Auch der Darm besitzt Quer- und Längsmuskeln (3, 4) und ein Bauchfell (5). ***Abb. 9***

Weder die Salzsäure noch das Pepsin, das durch den Einfluß der Salzsäure aus Pepsinogen entsteht, sind lebensnotwendige Substanzen. Das wird schon aus der Tatsache offensichtlich, daß Menschen auch ohne Magen leben können, z.B. nach einer Operation. Ein ausreichender Ersatz des Magensaftes durch »Pepsinweine« ist nicht möglich. Fühlen sich Magenkranke aber durch die Einnahme dieses Mittels besser, dann ist von ärztlicher Seite nichts dagegen einzuwenden.

Pepsinwein kann Magensäure nicht ersetzen

Damit die Magenschleimhaut nicht von der Magensäure angegriffen wird – damit der Magen sich also nicht selbst »verdaut« –, produzieren die Schleimhautzellen einen Stoff, der die Säure »abpuffert« oder neutralisiert: das Bikarbonat. Der Magenschleim ist aber auch eine Barriere gegen mechanische Schädigungen der Magenschleimhaut und ein Schutzwall gegen bakterielle Angriffe.

Bikarbonat neutralisiert Magensäure

Der gesunde Aufbau der Magenschleimhaut und eine gut funktionierende Durchblutung des Magens sind die Voraussetzung dafür, daß die Magensäure keine Schäden an der Magenwand verursacht.

Auch der Schleimhaut des Zwölffingerdarms und des Darms ganz allgemein kommt eine große Bedeutung zu. Zusätzlich zu den Enzymen des Bauchspeicheldrüsensaftes und der Gallenflüssigkeit, die das Fett aus der Nahrung abbaut, produziert der Dünndarm selbst täglich bis zu eineinhalb Liter Verdauungssaft, der ebenfalls Enzyme enthält. Damit die Nährstoffe aus dem Darminhalt möglichst schnell und möglichst vollständig verwertet werden und ins

Auch der Dünndarm produziert Verdauungssaft

Farbtafel 1: Die Bauchspeicheldrüse

① **Bauchspeicheldrüse**
② **Einmündungsstelle von Bauchspeicheldrüsengang ③ und Gallengang ④ in den Dünndarm (Zwölffingerdarm)**
⑤ **Gallenblase**
⑥ **Leber**
⑦ **Zwölffingerdarm**
⑧ **Magen**
⑨ **Bauchspeicheldrüsenläppchen, mikroskopisch vergrößert: Hier wird das für die Verdauung unentbehrliche Sekret der Bauchspeicheldrüse gebildet.**

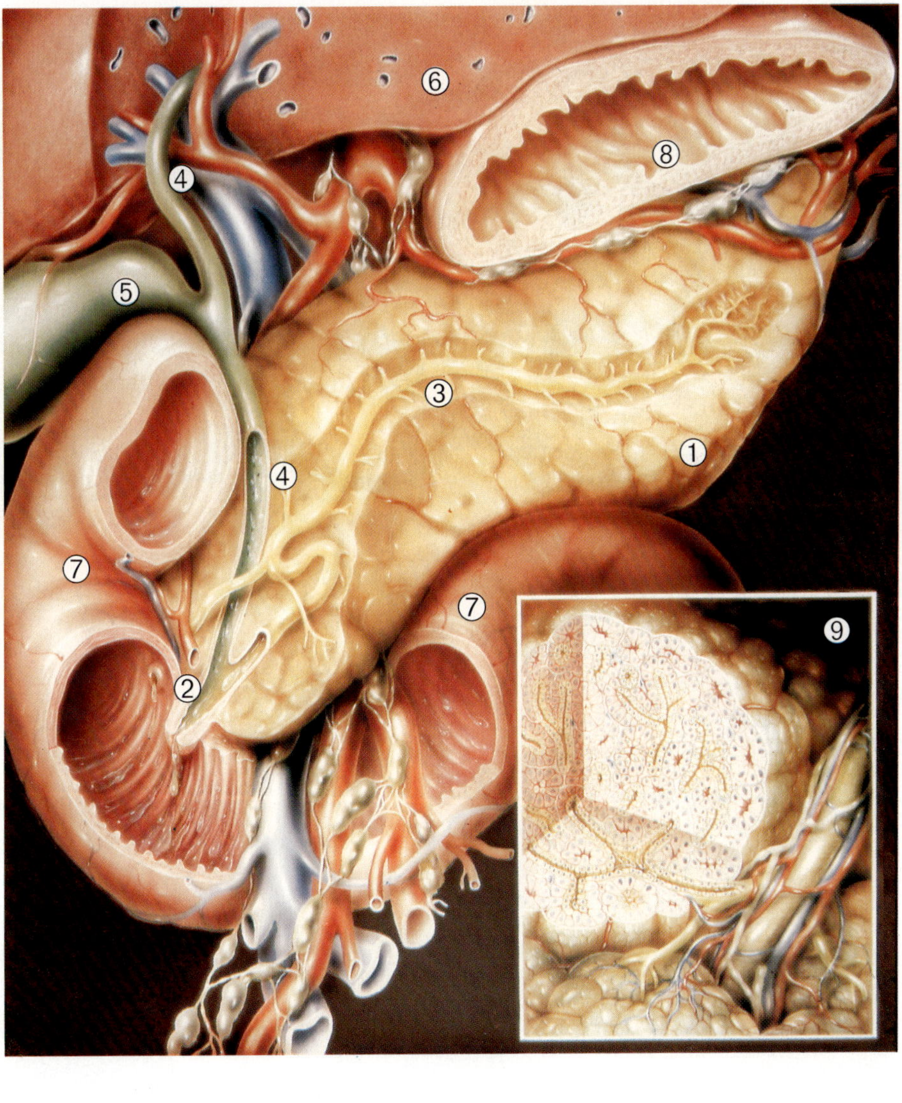

① **Zwölffingerdarm**
② **Darmzotte**
③ **Dünndarmschleimhaut**
④ **Lymphgefäße, Arterien ⑤ und Venen ⑥ sorgen für den Weitertransport der im Darm aufgespaltenen Nahrungsbausteine.**
⑦ **Lymphknoten**

⑧ **Die Darmmuskulatur bewegt nicht nur den Darminhalt vorwärts, sie steuert auch die ständige Bewegung der Darmzotten, die dadurch immer neue Stellen des Nahrungsbreis erreichen und die enthaltenen Nährstoffe aufnehmen können.**

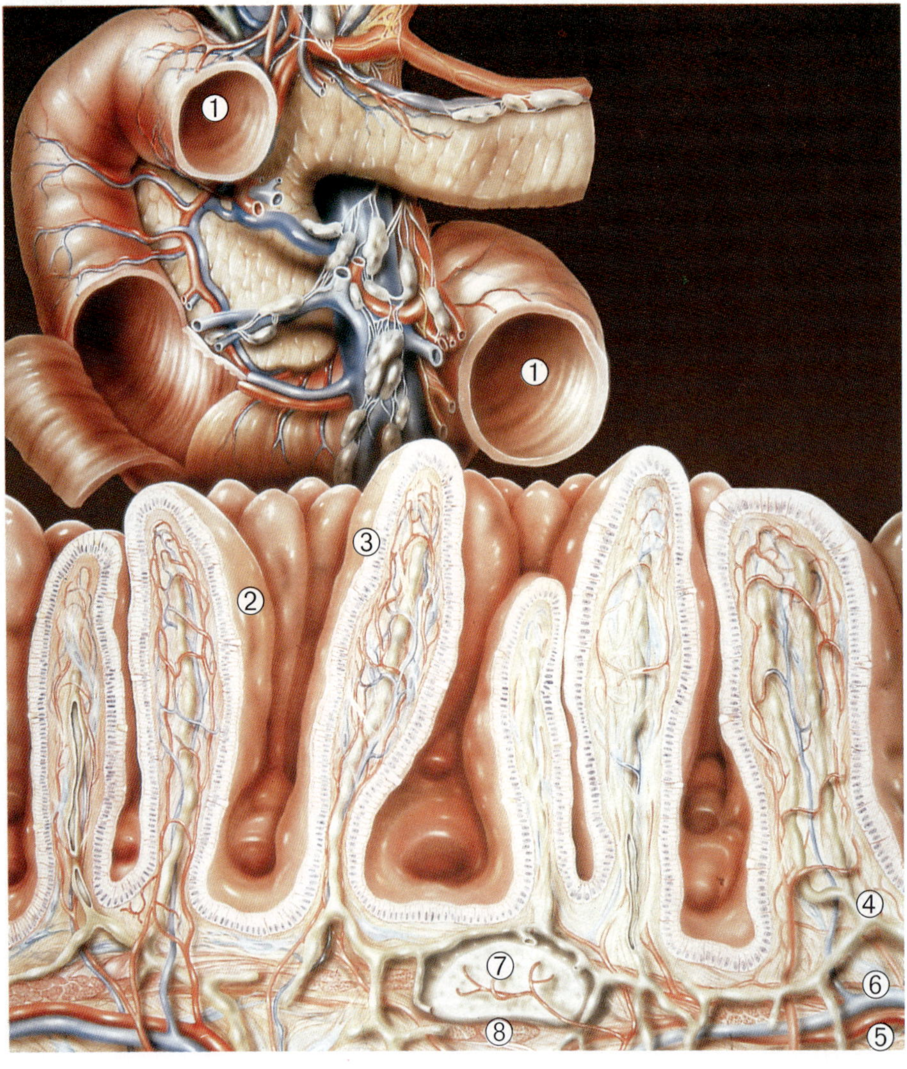

Blut gelangen können, ist die Oberfläche der Darmschleimhaut um ein Vielfaches vergrößert. Die Innenwand des Darms ist nicht glatt und gleichmäßig. Sie besitzt zahlreiche knapp einen Zentimeter hohe Falten, auf denen wiederum winzig kleine Erhebungen, die Darmzotten, sitzen (s. Abb. 9 und Farbtafel 2). Über die Blut- und Lymphgefäße in diesen Zotten erreichen die aufgespaltenen Nahrungsbausteine schließlich die Blutbahn.

Nahrungsverwertung über die Darmzotten

Der Gang zum Arzt

Schmerzen oder Beschwerden in der Magengegend oder ganz allgemein im Oberbauch können viele Ursachen haben und müssen nicht unbedingt vom Magen herrühren. Weil der Magen in enger Beziehung zu einer Reihe von Organen und Körperteilen steht – Speiseröhre, Zwölffingerdarm, Gallenblase, Leber, Bauchspeicheldrüse, Milz und Zwerchfell –, ist es für den Arzt manchmal sehr schwierig herauszufinden, wo genau die Schmerzen herkommen, die der Patient schildert. Selbst Stoffwechselerkrankungen wie die Zuckerkrankheit (Diabetes), Lungen- und Rippenfellentzündungen in Zwerchfellnähe oder ein Herzinfarkt können sich durch Beschwerden in der Magengegend bemerkbar machen. Bei vielen Menschen wirken sich psychische Belastungen – Streß, Aufregung, Kummer, Angst, Ärger – zuallererst auf den Magen aus. Oft lassen sich keine körperlichen Veränderungen feststellen, die für solche Beschwerden verantwortlich sein könnten. Der Arzt spricht dann von einem »nervösen Magen« oder »Reizmagen«.

Nicht immer ist der Magen schuld

Seelische Ursachen sind häufig

Um herauszufinden, welche Ursachen sich hinter der Vielzahl von Problemen mit dem Magen verbergen, steht in der Medizin heute eine Reihe von Untersuchungsverfahren zur Verfügung, die eine zuverlässige Diagnose ermöglichen. Die wichtigsten und am häufigsten angewandten Verfahren wollen wir Ihnen im folgenden vorstellen.

Wie kann der Arzt helfen?

Damit der Arzt entscheiden kann, ob überhaupt und in welchem Umfang bestimmte Untersuchungsmethoden eingesetzt werden sollen, wird er zunächst ein ausführliches persönliches Gespräch mit dem Patienten führen.

Das Gespräch mit dem Arzt

Für die Klärung und die daraufhin eingeleitete Behandlung von Magenbeschwerden spielt das Gespräch mit dem Arzt eine herausragende Rolle. Wenn Sie zum ersten Mal mit Magenproblemen zum Arzt kommen, wird dieses Gespräch ganz im Vordergrund stehen und dementsprechend länger dauern als bei späteren Arztbesuchen. Der Sinn und Zweck des Gesprächs liegt dabei nicht nur darin, die Ursachen für Ihre Beschwerden herauszufinden. Es soll vor allem auch zur Vertrauensbildung zwischen Arzt und Patient dienen. Für den Hilfe suchenden, unter seinen Beschwerden leidenden Patienten ist es notwendig zu spüren und zu wissen, daß der Arzt für ihn da ist, ihn versteht und sich mit allen ihm zur Verfügung stehenden Mitteln darum bemüht, ihm zu helfen und ihn von seinen Beschwerden zu befreien.

Gespräch soll Vertrauen schaffen

Was der Arzt wissen muß

Der Arzt muß sich ein Bild machen können über das soziale und familiäre Umfeld des betroffenen Menschen. Er wird nach bereits überstandenen Krankheiten fragen und nach Erkrankungen, die in der Familie aufgetreten sind. So ist es z.B. wichtig für den Arzt zu erfahren, ob bei den Eltern und ihren Geschwistern oder bei den eigenen Geschwistern Krebserkrankungen vorgekommen sind. Er muß wissen, ob die Beschwerden erst vor kurzem eingesetzt haben oder in ähnlicher Weise schon über Jahre hinweg bestehen und jetzt vielleicht durch äußere Anlässe verstärkt werden. Solche Auslöser können z. B. Beziehungsprobleme, Scheidung, Schwierigkeiten im Beruf, ein Todesfall in der Familie, die Krebserkrankung eines Freundes oder Arbeitskollegen oder eine grundsätzliche Änderung der Lebensgewohnheiten sein.

Persönliche Probleme als Auslöser

Neben den Magenbeschwerden, die zum Arztbesuch geführt haben, gibt es möglicherweise weitere, eher allgemeine Beschwerden, die momentan im Hintergrund stehen und deshalb vom Patienten nicht erwähnt werden. Auch diese Beschwerden können für die ärztliche Diagnose von Bedeutung sein. Dazu zählen die Neigung zu migräneartigen Kopfschmerzen, Hitzewallungen – ganz besonders bei seelischen Belastungen –, Schwindelgefühle und Herzdrücken, Schlafstörungen und schnelles Ermüden.

Zusätzliche allgemeine Beschwerden

Auch das Alter des Patienten schließt der Arzt in seine Überlegungen mit ein: Tumorkrankheiten und teilweise auch Magengeschwüre treten deutlich seltener vor dem 45. Lebensjahr auf. Verschiedene Erkrankungen kommen außerdem bei Frauen und Männern unterschiedlich oft vor, so daß auch das Geschlecht Einfluß auf das weitere Vorgehen hat. So erkranken beispielsweise Frauen wesentlich häufiger an Gallenblasenleiden, Männer dagegen eher an Geschwüren und Bauchspeicheldrüsenentzündung nach erhöhtem Alkoholkonsum.

Was Alter und Geschlecht aussagen

Schließlich hat jeder Mensch ein anderes Schmerzempfinden und wird deshalb die Stärke seiner Schmerzen sehr individuell einschätzen. Auch diesen Aspekt muß der Arzt bei der Schilderung der Beschwerden im Zusammenhang mit der Gesamtpersönlichkeit des betroffenen Menschen entsprechend berücksichtigen.

Alarmsymptome für eine Magenkrankheit

Welche Untersuchungen der Arzt vornimmt, hängt also zum einen von der Krankheitsgeschichte des Patienten und seinem persönlichen Leidensdruck ab, zum anderen vom Vorliegen ganz bestimmter allgemeiner Alarmzeichen, die im Kapitel »Wenn etwas ›im Magen liegt‹: funktionelle Magenbeschwerden« ausführlich beschrieben werden. Diese Alarmsymptome sind in Tabelle 2 kurz zusammengefaßt. Wenn Sie solche Beschwerden zusätzlich zu Ihren Magenproblemen haben, sollten Sie Ihren Arzt darauf hinweisen, falls er nicht selbst schon danach gefragt hat oder ohnehin davon weiß.

Tabelle 2

Alarmzeichen für eine Magenerkrankung

Hier sind weitere Untersuchungen nötig

- Schwierigkeiten zu schlucken
- Ungewollte, unerklärliche Gewichtsabnahme um mehr als 3 kg
- Nächtliches Erwachen wegen Schmerzen
- Mit der Fingerspitze genau lokalisierbarer Schmerzpunkt
- Im Leib tastbare ungewöhnliche Widerstände
- Häufiges Erbrechen
- Bluterbrechen oder Blutabgang im Stuhl
- Anzeichen von Blutarmut

Die körperliche Untersuchung

Untersuchung am ganzen Körper

Diese Untersuchung, die der Arzt nach dem ersten Gespräch und ohne besondere Zusatzinstrumente durchführt, kann sich auf den ganzen Körper erstrecken. Sie beginnt dann bei der genauen Prüfung von Mundhöhle und Rachen und reicht bis zum Austasten des Enddarms und zur Betrachtung des Afters. Stellt der Arzt bei der Betrachtung der Mundhöhle eine belegte Zunge fest, so muß das nicht unbedingt etwas mit der Magentätigkeit zu tun haben. Die Bedeutung einer belegten Zunge wird in dieser Hinsicht oft überschätzt. Häufigste Ursache für den Belag ist eine vorwiegend breiige oder sogar flüssige Kost, die nur geringfügig zum Abschilfern der Papillenspitzen der Zunge führt.

Schluckauf kommt selten vom Magen

Ebenso steht auch ein immer wieder auftretender Schluckauf eher selten mit einer Magenkrankheit in Verbindung. Der Schluckauf kann durch vielfältige Faktoren ausgelöst werden, darunter z.B. Stoffwechselstörungen (Zuckerkrankheit, Gicht), Blähbauch, Hirnerkrankungen oder Erkrankungen in der Nachbarschaft des Zwerchfells. Er kann außerdem seelische Ursachen haben.

Mituntersuchung von Herz und Lunge

Da auch vom Herzen und von der Lunge Veränderungen ausgehen können, die sich auf die Organe im Oberbauch auswirken, werden sie meist in die Untersuchung mit eingeschlossen.

Wie beim Gespräch ist der Arzt auch hier auf die vertrauensvolle Mitarbeit des Patienten angewiesen. Nur so kann er sich mit Hilfe der Ganzkörperuntersuchung ein Bild vom allgemeinen Gesundheitszustand seines Patienten machen.

Labormedizin

Untersuchung von Blut und Urin

Beim ersten Besuch des Patienten wird der Arzt einige grundlegende Laboruntersuchungen vornehmen. Dazu gehören eine Blutsenkung, ein Blutbild und eine Urinuntersuchung. Die Ergebnisse können dem Arzt helfen herauszufinden, ob den Beschwerden organische Erkrankungen oder andere, z.B. psychische Ursachen zugrunde liegen. Alle drei Verfahren sind grobe Übersichtsuntersuchungen, einfach und ohne große Unkosten durchzuführen, und sie belasten den Patienten kaum. Der Arzt benötigt dafür lediglich einige Milliliter Blut und eine Urinprobe. Mit Hilfe der Untersuchungen gewinnt er einen allgemeinen Überblick über eventuell vorhandene entzündliche bzw. tumoröse Erkrankungen.

Blutsenkung und Blutbild

Eine beschleunigte Blutsenkung – das ist die Geschwindigkeit, mit der die roten Blutkörperchen innerhalb von ein bis zwei Stunden in der Blutprobe nach unten sinken – weist auf eine Entzündung hin. Das gleiche gilt bei einer erhöhten Zahl von weißen Blutkörperchen im Blutbild. Blutsenkung und insbesondere Blutbild geben zusätzlich Aufschluß über eine möglicherweise bestehende Blutarmut, die durch kleine und daher unbemerkt gebliebene innere Blutungen verursacht worden sein kann. Bei einem Verdacht auf solche innere Blutungen kann der Arzt

Test auf Blut im Stuhl

auch einen speziellen Test auf verborgenes Blut im Stuhl durchführen. Die Urinuntersuchung schließlich dient dazu, eventuelle Nieren- oder Lebererkrankungen mit zu erfassen.

Alle drei Standarduntersuchungen erlauben zwar für sich genommen keine eindeutigen Rückschlüsse, tragen aber als »Puzzlesteine« zur endgültigen Diagnose des Arztes bei. Je nach Art der geschilderten Beschwerden kann der Arzt weitere, spezielle Laboruntersuchungen anordnen.

Die Magensaftuntersuchung

Bestimmung der Magensäureproduktion

Diese »technische« Untersuchung spielte als eine der ältesten Funktionsprüfungen (Leistungsprüfungen) des Magens noch bis vor etwa 30 Jahren eine bedeutende Rolle. Mit ihrer Hilfe ist es möglich, eine übermäßige oder verminderte bzw. fehlende Magensäureproduktion nachzuweisen. Für den Arzt kann dieses Ergebnis insofern wichtig sein, als es Aufschluß über die Bildung von Geschwüren zu geben vermag. Ein Zwölffingerdarmgeschwür etwa kommt nicht vor, wenn die Magensäure fehlt. Andererseits: Wenn ein Magengeschwür entstanden ist, obwohl der Magen keine Säure produziert, liegt immer der Verdacht nahe, daß es sich nicht um ein Geschwür im üblichen Sinne, sondern um einen Magenkrebs handelt. Außerdem läßt sich über die Magensaftuntersuchung feststellen, ob eine bestehende Blutarmut durch einen Vitamin-B_{12}-Mangel verursacht sein könnte: In der Magensäure fehlt dann der erwähnte Intrinsic-Faktor, der für die Aufnahme von Vitamin B_{12} aus dem Darm ins Blut verantwortlich ist.

Rückschluß auf Geschwürleiden möglich

Zur Untersuchung wird dem Patienten, der vorher zwölf Stunden lang nichts zu sich nehmen darf, ein dünner Magenschlauch durch den Mund oder die

Magensaft wird mehrmals abgesaugt

Nase bis zum tiefsten Punkt des Magens eingeführt und mehrmals der Magensaft abgeleitet, der sich im nüchternen Magen gebildet hat. Danach wird dem Patienten eine dem Verdauungshormon Gastrin ähnliche Substanz, die die Magensaftproduktion anregt, unter die Haut gespritzt und nochmals in mehreren Portionen Magensaft abgesaugt. In diesen einzelnen Portionen wird die Säure bestimmt.

Einsatz nur noch in besonderen Fällen

Die Ergebnisse der Magensaftuntersuchung unterliegen allerdings großen Schwankungen, wenn sie nicht von erfahrenen Personen durchgeführt wird. Deshalb, und auch weil es inzwischen einfachere neue Verfahren gibt – insbesondere die Gastroskopie (s. Kapitel »Die Magenspiegelung«) –, ist man von der Magensaftuntersuchung weitgehend abgekommen. Sie wird nur noch bei wenigen speziellen Fragestellungen angewandt.

Die Röntgenuntersuchung

Kontrastmitteldarstellung des Magens

Bei diesem wichtigen Untersuchungsverfahren zur Erkennung von Magenkrankheiten muß der Patient ein Kontrastmittel schlucken, und zwar in Form eines trinkbaren Breis. Vor der Untersuchung darf man acht bis zwölf Stunden lang nichts essen und vier Stunden lang auch nichts trinken. Ohne die Füllung mit dem für Röntgenstrahlen undurchdringlichen Kontrastmittel läßt sich der Magen, abgesehen von der Luftblase in der Magenkuppel, auf dem Röntgenbild nicht von anderen Organen im Oberbauch unterscheiden, von denen er umgeben und teilweise überdeckt ist. Das Kontrastmittel wird vom Körper nicht aufgenommen und erscheint praktisch unverändert wieder im Stuhl. Die Kontrastmitteldarstellung allein liefert allerdings nur ein Schattenbild, einen Ausguß des Mageninneren sozusagen. Um eine Veränderung an der Magenwand, z.B. durch ein Geschwür oder einen Tumor, feststellen oder ausschließen zu können, benötigt der Arzt eine noch feinere Abbildung des Magenumrisses. Dazu wird die sogenannte »Doppelkontrastmethode« angewandt: Dem Kontrastmittelbrei wird ein gasentwickelndes Pulver beigemischt und gleichzeitig die Spannung der Magenwand mit Hilfe eines Medikaments herabgesetzt, das die Magenmuskulatur erschlaffen läßt. Wenn sich der Patient nun auf Anweisung des Arztes für die Röntgenaufnahmen in verschiedene Positionen dreht, benetzt das Kontrastmittel-Luft-Gemisch die ausgedehnten Magenwände überall mit einem Belag und erlaubt dem Arzt eine wesentlich genauere Beurteilung des Röntgenbildes.

»Doppelkontrastmethode« zur Darstellung der Magenwand

Aufschlußreiche Ergebnisse erreicht der Arzt im übrigen nur, wenn der Patient gut mitarbeitet. Der Vorteil einer solchen Untersuchung liegt darin, daß der Arzt neben dem Magen auch Speiseröhre und Zwölffingerdarm dargestellt sieht und beurteilen kann. Besondere Bedeutung hat die Röntgenuntersuchung auch heute noch in bestimmten Fällen. Mit Hilfe des Kontrastmittelbreis lassen sich z.B. Aussagen machen über die Entleerungszeit des Magens oder über (meist gutartige) Tumoren, die unter der Magenschleimhaut wachsen.

Wichtig: Mithilfe des Patienten

Trotz der verbesserten Technik hat die Röntgenuntersuchung des Magens aber erheblich an Wert verloren und ist heute als Erstuntersuchung von der

Endoskopie – der Spiegelung des »Innenlebens« von Speiseröhre, Magen und Zwölffingerdarm durch ein Instrument – verdrängt worden.

Die Magenspiegelung

Endoskop gibt Einblick in den Magen

Bei dieser Untersuchung – in der Fachsprache »Gastroskopie« genannt (von griech. gastér = Magen, Bauch, und skopein = sehen) – wird das Innere des Magens über ein spezielles optisches Instrument betrachtet. Das Endoskop, mit dem der Arzt in einem »Arbeitsgang« Speiseröhre, Magen und den oberen Anteil des Zwölffingerdarms inspizieren kann, ist ein dünner, langer, sehr biegsamer und gut beweglicher Schlauch aus Glasfaserbündeln. Der Durchmesser des Schlauchs beträgt zwischen acht und dreizehn Millimeter. Bis auf einen geringen Würgereiz beim Schlucken des Schlauchs bringt der Untersuchungsvorgang keine Unannehmlichkeiten mit sich.

Biegsamer, dünner Schlauch

Grundsätzlich kann die Gastroskopie ohne den Einsatz von Medikamenten durchgeführt werden. Viele Ärzte betäuben aber vor dem Eingriff mit einem Spray die Rachenschleimhaut ihrer Patienten, sofern deren Bewußtsein (z. B. bei einem Notfall) nicht ohnehin schon stark eingeschränkt ist. Der Schlauch läßt sich dann leichter schlucken. Bei aufgeregten, nervösen oder ängstlichen Menschen oder auf Wunsch des Patienten kann der Arzt ein Beruhigungsmittel geben. Auch vor der Magenspiegelung sollte der Patient acht bis zwölf Stunden lang nichts essen. Die Wirkung des Rachenbetäubungssprays läßt nach ca. 20 Minuten nach. Sobald der Betroffene wieder ein Gefühl für das Schlucken seines Spei-

Betäubungsspray erleichtert Schlucken

chels bekommt, darf er auch etwas zu sich nehmen. Dagegen dürfen sich Patienten, die die Untersuchung ambulant beim Facharzt oder in der Klinik durchführen lassen und eine Beruhigungsspritze erhalten, nach der Gastroskopie für den Rest des Tages nicht mehr hinters Steuer setzen. Am besten läßt man sich vom Taxi bzw. einer Begleitperson nach Hause bringen.

Danach: Autofahren verboten!

Selbst schwerkranke, alte Menschen oder Patienten mit Wirbelsäulenveränderungen können sich meist ohne Schwierigkeiten dieser Untersuchung unterziehen. Es gibt nur wenige Ausnahmefälle, wie z.B. gleich nach einem Herzinfarkt, in denen sich diese Methode verbietet.

Nachdem der Patient das Endoskop geschluckt hat, wird es durch die Speiseröhre bis in den Magen vorgeschoben. Über die Glasfasern gelangt ein Lichtstrahl bis an die Spitze des Schlauchs und beleuchtet das Innere bzw. die Innenwände der beteiligten Organe. Dieses Bild aus dem Inneren des Verdauungstraktes wird wiederum über Glasfaserbündel in das Kopfteil des Endoskops übertragen und dort in einer Art Sucher für den Arzt sichtbar.

Lichtstrahl macht »Innenleben« von außen sichtbar

Die technische Weiterentwicklung des Geräts ermöglichte als nächsten Schritt das Anbringen eines winzig kleinen Photoapparates auf der Instrumentenspitze, der bestimmte Befunde photographisch dokumentieren kann. Die modernen Endoskope tragen einen elektronischen Chip, wie er auch für Videokameras verwendet wird, der das Bild aus dem Magen oder Darm auf einem Fernsehmonitor sicht-

Endoskope mit Videokamera

bar macht. Auf diese Weise können nicht nur mehrere Ärzte gleichzeitig, sondern auch die Patienten selbst die Untersuchung mitverfolgen. Abbildung 10 zeigt schematisch, wie eine Magenspiegelung mit dem Endoskop vor sich geht.

Patienten können mitsehen

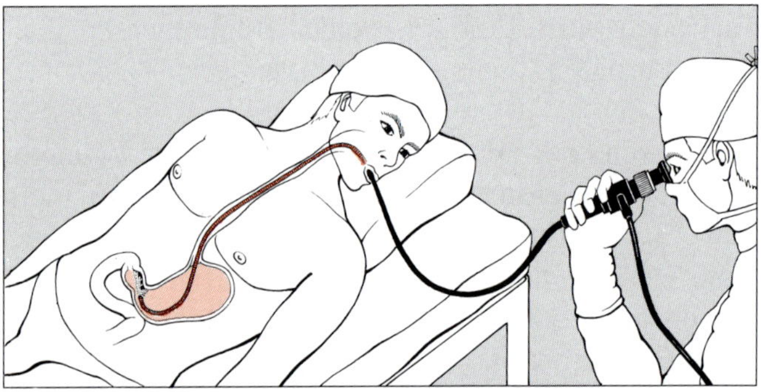

Abb. 10

Um den Vorgang der Spiegelung besser darstellen zu können, liegt der Patient hier auf dem Rücken. Tatsächlich wird die Endoskopie in bequemer Seitenlage durchgeführt.

Die Instrumentenspitze ist von außen über das Kopfteil des Endoskops in alle Richtungen steuerbar. Durch einen im Schlauchinneren verlaufenden Kanal lassen sich verschiedene Werkzeuge und Hilfsmittel in Magen und Darm einführen: Zangen zur Entnahme von Gewebeproben aus der Magenschleimhaut, Spülsonden zum Entfernen von Schleim- oder Blutauflagerungen, besondere Zusatzinstrumente zum Entfernen von Fremdkörpern (s. Farbtafel 4) oder zum Abtragen von Polypen (dazu mehr im Kapitel »Gutartige Tumoren: Magenpolypen«), Injektionsnadeln zum Unterspritzen von Blutungen oder auch dünne Ernährungssonden. Eine Behandlung mit Laserstrahlen ist ebenfalls durch das Endoskop möglich, z.B. wenn eine Blutung im Magen durch

Werkzeuge an der Endoskopspitze

Verschmoren der Blutgefäße gestillt werden soll. Da die Magenschleimhaut schmerzunempfindlich ist, sind kleine Probeentnahmen von Gewebe (Biopsien) wie auch die sonstigen beschriebenen Eingriffe während der Endoskopie für den Patienten problemlos – er spürt nichts davon. Mit dem Endoskop lassen sich an der Magenschleimhaut neben Vorwölbungen, wie sie Tumoren verursachen, und Vertiefungen durch Geschwüre und Tumoren selbst minimale Veränderungen feststellen, die gar nicht durch Unebenheiten auffallen.

Eingriffe sind schmerzfrei

Der größte Vorteil der Endoskopie liegt jedoch zweifellos darin, daß der Arzt solche Schleimhautschäden oder -reizungen in Speiseröhre, Magen und Darm nicht nur deutlich erkennen, sondern bei unklaren, verdächtigen Befunden sofort gezielt Gewebeproben entnehmen kann. Er wird von dieser Möglichkeit aber auch bei anderen Fragestellungen Gebrauch machen; eine Probeentnahme bedeutet also keinesfalls den Verdacht auf einen Magenkrebs. Die mikroskopische Untersuchung der Gewebeprobe sichert die vermutete Diagnose des Arztes oder schließt sie weitgehend aus.

Biopsie: Entnahme von Gewebeproben

Auch wenn ein Magengeschwür sich bereits auf dem Weg der Abheilung befindet, ist es sinnvoll und wichtig, diesen Prozeß durch Magenspiegelung und Biopsie in bestimmten Abständen mitzuverfolgen. Nur so kann der Arzt sicher sein, daß auch kleine Magenkrebse – sogenannte Frühformen – nicht übersehen werden. Wenn Sie also zu einer solchen Kontrolluntersuchung einbestellt werden, ist das kein Grund zur Beunruhigung: Sie dient nur Ihrer

Endoskopie kontrolliert Abheilung von Geschwüren

eigenen Sicherheit. Bei einem Zwölffingerdarmgeschwür sind solche Kontrollen im Gegensatz zum Magengeschwür im allgemeinen nicht erforderlich. Ein Krebs im Zwölffingerdarm ist sehr selten und läßt sich fast immer schon bei der Erstuntersuchung erkennen. Als Ursache für ein Zwölffingerdarmgeschwür kommt er praktisch nicht in Frage.

Hilfsmittel für Diagnose und Behandlung

Insgesamt gesehen ist die Gastroskopie unter den heutigen Bedingungen eine ungefährliche und sehr aussagekräftige Untersuchungsmethode, die dem Arzt nicht nur das Erkennen von Magenkrankheiten wesentlich einfacher gemacht hat, sondern auch ihre gezielte Behandlung.

Die Ultraschalluntersuchung

Unschädlich und jederzeit wiederholbar

Sie gehört heute zu den am häufigsten eingesetzten Untersuchungsverfahren. Der besondere Wert der Ultraschalluntersuchung (Sonographie) liegt darin, daß sie für den Patienten unschädlich und deshalb beliebig oft wiederholbar ist. Aus diesem Grund wird die Sonographie auch in der Schwangerschaft zur Kontrolle der Entwicklung des Kindes im Mutterleib angewandt. Die Ultraschalluntersuchung bedeutet keinerlei Belastung für den Patienten. Sie verschafft dem Arzt Erkenntnisse über Veränderungen an den unterschiedlichsten Organen.

Auch bei ungeklärten Magenbeschwerden wird frühzeitig mit Ultraschall untersucht. Das Ziel besteht weniger darin herauszufinden, ob eine Magenerkrankung dahintersteckt, als vielmehr darin, andere Krankheiten im Oberbauch (z.B. an Gallenblase,

Bauchspeicheldrüse u. a.) auszuschließen, die ähnliche Beschwerden verursachen. Mit der Sonographie lassen sich aber auch Eigenschaften und Beschaffenheit des Magens direkt untersuchen, z.B. seine Beweglichkeit, seine Wanddicke und die Entleerungstätigkeit.

Aussendung und Echo von Schallwellen

Das Ultraschallverfahren funktioniert über die Aussendung von Schallwellen, die von Hindernissen verschiedenster Art auf unterschiedliche Weise zurückgeworfen werden. Dieses Echo wird von den Geräten empfangen und aufgezeichnet.

Jetzt auch Endoskope mit Ultraschallkopf

Durch die Entwicklung von Endoskopen, die an der Instrumentenspitze einen Ultraschallkopf besitzen, ist es mittlerweile möglich, auch ganz speziellen Problemen in einer Ultraschalluntersuchung auf den Grund zu gehen. Beispielsweise kann der Arzt feststellen, wie tief ein Tumor bereits in die Magenwand hineingewachsen ist, da die einzelnen Wandschichten den Schall unterschiedlich reflektieren. Allerdings sind die für diese Untersuchung notwendigen Instrumente noch sehr teuer und wegen ihrer noch etwas starren, langen Spitze nicht einfach anzuwenden. Sie stehen auch nicht an allen Kliniken zur Verfügung.

Der »nervöse Magen« oder Reizmagen

Wer hat nicht schon aus Aufregung, Ärger oder Angst heftige Magenschmerzen bekommen? Menschen, die auf Streß und seelische Belastung immer wieder mit solchen Beschwerden reagieren, leiden unter dem sprichwörtlichen »nervösen Magen«.

Wenn etwas »im Magen liegt«: funktionelle Magenbeschwerden

Praktische Überlegungen und langjährige Erfahrungen haben dazu geführt, daß die Medizin grundsätzlich zwischen funktionellen und organischen Beschwerden unterscheidet. Als organische Beschwerden werden auftretende Krankheitszeichen (Symptome) dann bezeichnet, wenn der Arzt bei den üblichen Untersuchungsverfahren (s. Kapitel »Der Gang zum Arzt«) Veränderungen an den Körperorganen entdeckt – z.B. Entzündungen, Geschwüre, Tumoren oder andere erkennbare Schäden –, die die Beschwerden oder Symptome erklären. Diese rein körperlichen Erkrankungen kann der Arzt aufgrund seiner Diagnose gezielt behandeln. Funktionelle Beschwerden dagegen werden auf Störungen im normalen Funktionsablauf von Organen zurückgeführt. Diese Störungen lassen sich auch mit den Untersuchungsmöglichkeiten der modernen Medizin nur zum Teil im Körper nachweisen, beim Magen etwa durch Messen der Muskelbewegungen oder der Druckverhältnisse im Inneren.

»Organisch« heißt: nachweisbarer Schaden

»Funktionell« heißt: Funktionsstörung

Wenn der Arzt keine körperlichen Ursachen für die Magen- oder Oberbauchbeschwerden seines Patienten finden kann, wird er nach anderen Auslösern forschen, wie z. B. nach persönlichen oder beruflichen Belastungen, die »auf den Magen schlagen«, einen »nervösen Magen« oder Reizmagen zur Folge haben. Das Krankheitsbild des »nervösen Magens« umfaßt die vielfältigsten Beschwerden, die hin und wieder vorkommen oder auch andauernd auftreten können. Dazu gehören:

Beschwerden bei »nervösem Magen«

- Völlegefühl;
- vorzeitiges Sättigungsgefühl;
- Aufstoßen;
- Blähungen;
- Sodbrennen;
- Unbehagen oder Übelkeit;
- Erbrechen;
- Schmerzen im Oberbauch.

»Dyspepsie« heißt gestörte Verdauung

In der Medizin wird als Sammelbezeichnung für alle diese nicht oder noch nicht geklärten Krankheitserscheinungen der Begriff »Dyspepsie« verwendet, der einfach nur »gestörte Verdauung« bedeutet.

»Reizmagen« in 60–70% der Fälle

Umfragen haben ergeben, daß ein Fünftel bis ein Viertel aller Erwachsenen in Deutschland unter den genannten Symptomen leiden. Davon geht aber nur jeder Fünfte mit seinen Problemen zum Arzt. Bei 60 bis 70 Prozent dieser Patienten liegt den Magenbeschwerden ein »Reizmagensyndrom« oder, in der Fachsprache, eine »funktionelle Dyspepsie« zugrunde. Nur in 20 bis 30 Prozent der Fälle lassen sich organische Ursachen wie z. B. Magen- oder Zwölffingerdarmgeschwüre, Entzündungen der Speiseröhre durch Rückfluß von Magensaft oder andere Oberbaucherkrankungen feststellen. Bestimmte Eigenschaften oder Lebensgewohnheiten können die Neigung zu funktionellen Magenbeschwerden ganz allgemein begünstigen. Anfällig dafür sind insbesondere Menschen, die sehr ehrgeizig und noch nicht mit dem zufrieden sind, was sie beruflich erreicht haben, die einen unregelmäßigen Tagesablauf haben, vermehrt rauchen und überdurchschnittlich viel Kaffee und/oder Alkohol trinken. Auch Menschen, die empfindlich auf seelische Belastungen reagieren und entsprechende Erlebnisse nicht so rasch aus ihrer Gedankenwelt verdrängen können, »liegen« Ärger oder Kummer eher »im Magen«. Tabelle 3 stellt diese Eigenschaften auf einen Blick zusammen.

Wer neigt zu »nervösem Magen«?

Tabelle 3

Allgemeine Charakteristika von Menschen, die zu »funktioneller Dyspepsie« neigen

- Ehrgeiz, besonders auch im Beruf
- Unregelmäßiger Tagesablauf
- Empfindlichkeit gegenüber seelischen Belastungen
- Nichtloskommen von Erlebtem
- Vermehrter Nikotin- und/oder Alkoholkonsum

Neben dem wichtigen Faktor »Streß« und dem Konsum von Genußmitteln wie Kaffee, Alkohol und Nikotin können auch allgemeine Ernährungsgewohnheiten und eine Reihe von Medikamenten

Einfluß von Ernährung und Medikamenten

Magenbeschwerden hervorrufen und Magenkrankheiten bewirken. Im Kapitel »Vorbeugung und Selbsthilfe« erfahren Sie mehr darüber und auch, wie sich Menschen mit einem chronisch »nervösen« oder »gereizten« Magen verhalten sollten.

Wichtig: das offene Gespräch mit dem Arzt

Weil für das Krankheitsbild »funktionelle Dyspepsie« eine solche Fülle von Ursachen verantwortlich sein kann, hat das ausführliche Gespräch zwischen dem betroffenen Patienten und dem Arzt eine herausragende Bedeutung (s. Kapitel »Das Gespräch mit dem Arzt«). Die Grundvoraussetzung für alle weiteren Schritte ist das Vertrauen des Patienten in seinen Arzt, denn ohne ein offenes, ehrliches Gespräch kann sich der Arzt weder ein genaues Bild von den Beschwerden machen noch Einblick in das persönliche Umfeld des Patienten gewinnen. Danach wird der Arzt entscheiden, ob überhaupt größere Untersuchungen notwendig sind und welche Behandlung in Frage kommt. Wenn Sie zum ersten Mal wegen Ihrer Magenbeschwerden zum Arzt gehen, wird er Sie vor allem dann ausführlich untersuchen – und dabei auch einige der schon beschriebenen Verfahren einsetzen –, wenn bestimmte Voraussetzungen vorliegen. Solche Voraussetzungen, die sich aus dem einleitenden Gespräch und der körperlichen Untersuchung für den Arzt ergeben können, sind beispielsweise:

Gründe für eine ausführliche Untersuchung

- wenn Sie über 45 Jahre alt sind und die Beschwerden erstmals auftreten;
- wenn Ihre Beschwerden als »Alarmzeichen« für die Entwicklung einer Magenkrankheit einzustufen sind. Dazu gehören:

Alarmsymptome für den Arzt

- eine Gewichtsabnahme um mehr als drei Kilogramm aus unersichtlichen Gründen;
- Bluterbrechen oder Blut im Stuhl (meist der sogenannte »Teerstuhl«, den das enthaltene, durch Magensaft »verdaute« Blut schwarzbräunlich gefärbt hat);
- Schwierigkeiten zu schlucken;
- der Verdacht auf Blutarmut oder Gelbsucht oder eine krankhafte Veränderung, die der Arzt beim Abtasten bemerkt hat;
- Schmerzen, die Sie nachts aufwachen lassen und die in den Rücken ausstrahlen;
- die regelmäßige Einnahme von Medikamenten gegen Rheuma;
- Erbrechen;
- Schmerzen an einer Körperstelle, die Sie dem Arzt genau angeben können;
- bereits überstandene Geschwürerkrankungen;

Untersuchung nimmt Krankheitsängste

- wenn Sie mit der Vermutung zum Arzt kommen, eine schwere oder bösartige Erkrankung zu haben, und sichergehen wollen, daß diese Vermutung nicht zutrifft.

Aber auch wenn Sie schon längere Zeit unter den beschriebenen Dyspepsiebeschwerden leiden und noch nicht beim Arzt waren, um die Ursachen abklären zu lassen, ist eine ausführliche Untersuchung nützlich und sinnvoll.

Schließlich wird der Arzt immer dann zu den aufwendigeren Untersuchungsverfahren greifen, wenn sich die Beschwerden des Patienten nach einer Behandlungsdauer von sechs bis acht Wochen nicht deutlich gebessert haben.

Typische Begleiterscheinungen

Ein Anzeichen dafür, daß Magenbeschwerden durch »funktionelle Störungen« ausgelöst werden, sind verschiedene Begleiterscheinungen, wie wir sie zum Teil schon im Kapitel »Das Gespräch mit dem Arzt« erwähnt haben. In der Medizin werden sie auch als »vegetative Symptome« bezeichnet (vgl. Tabelle 4), weil sie vom vegetativen, d.h. nicht vom Willen des Menschen beeinflußbaren Nervensystem gesteuert werden. Dazu zählen die Neigung zu (migräneartigen) Kopfschmerzen, Schweißausbrüche schon bei geringer seelischer Belastung, Schwindelgefühle bei längerem Stehen, ein Druckgefühl über dem Herzen oder das Bemerken des Herzschlages, Schlafstörungen, rasches Ermüden und Leistungsschwäche.

Tabelle 4

Allgemeinbeschwerden (vegetative Symptome) bei Menschen mit Magenproblemen

- Neigung zu migräneartigen Kopfschmerzen
- Schlafstörungen
- Neigung zu Schweißausbrüchen
- Leistungsschwäche
- Allgemeine Müdigkeit
- Schwindelerscheinungen
- Druckgefühl über dem Herzen

Diagnose hängt ab vom Hauptsymptom

Je nachdem, welche Beschwerden bei funktionellen Störungen oder, so ein anderer Fachausdruck, »Reizmagensyndrom« überwiegen, kann der Arzt verschiedene Beschwerdebilder oder »Beschwerdekomplexe« voneinander abgrenzen, bei denen bestimmte

Einzelsymptome in Kombination auftreten. Eine Trennung in diese vier »Typen« des Reizmagensyndroms ist manchmal schwierig zu vollziehen, weil sich die Krankheitsbilder erheblich überlappen können. Für eine gezielte ärztliche Beratung und Behandlung, die häufig auch eine Änderung des Eßverhaltens und der allgemeinen Lebensgewohnheiten des Betroffenen mit sich bringen kann, ist diese Unterscheidung aber wichtig und weitreichend.

Krankheitsbilder überlappen sich

Und so sehen die vier Krankheitsbilder aus, die der Arzt bei funktionell bedingten Magenbeschwerden feststellen kann:

4 Typen der funktionellen Dyspepsie

- Die **Dyspepsie vom Motilitätstyp** (Motilität = Beweglichkeit) entsteht durch eine Störung der Muskelbewegungen, die für eine normale Magenentleerung und den Weitertransport der Speisen in den Darm sorgen.
- Die **Dyspepsie vom Ulkustyp** (Ulkus = Geschwür) macht sich wie ein Geschwür durch den sogenannten »Nüchternschmerz« bemerkbar: durch plötzlich einsetzende Schmerzen bei leerem Magen, die vor allem nachts auftreten.
- Die **Dyspepsie vom Refluxtyp** (Reflux = Rückfluß) ist durch immer wiederkehrendes Sodbrennen gekennzeichnet. Dabei fließt Säure aus dem Magen zurück in die Speiseröhre und manchmal bis in den Mund.
- Von einer **»essentiellen« Dyspepsie** spricht der Arzt dann, wenn sich die Beschwerden des Patienten keinem der gerade beschriebenen Krankheitsbilder zuordnen lassen, wenn es also kein eindeutiges Haupt- oder Leitsymptom gibt.

Mischformen sind häufig

Die folgende Abbildung zeigt, wie stark sich die einzelnen Krankheitsbilder überlappen und wie schwierig sie deshalb voneinander abzugrenzen sind.

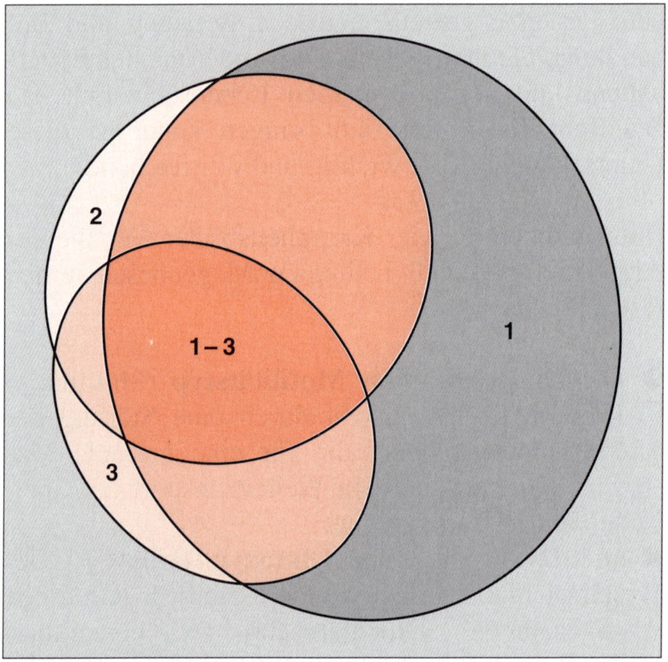

Abb. 11

Die drei verschiedenfarbigen kreisförmigen Flächen stehen für drei Krankheitsbilder: die Dyspepsie vom Ulkustyp (1), die Dyspepsie vom Motilitätstyp (2) und die Dyspepsie vom Refluxtyp (3). Ihre gegenseitige Überdeckung und Überschneidung macht beispielhaft deutlich, daß neben den klar abgegrenzten Krankheitsbildern häufig Mischformen mit mehreren Hauptsymptomen vorkommen. So überlappen sich etwa in der kräftigroten Fläche alle drei Dyspepsieformen (1–3).

Auf diese vier Typen des »nervösen Magens« und ihre Behandlung wollen wir in den folgenden Abschnitten näher eingehen.

Völlegefühl im Magen – die Dyspepsie vom Motilitätstyp

Die Beschwerden

Etwa 40 Prozent der Patienten, bei denen der Arzt funktionelle Magenbeschwerden feststellt, leiden an dieser Form der Dyspepsie. Sie kommt unter den vier geschilderten Typen am häufigsten vor.

Häufigste Form der Dyspepsie

Charakteristische Anzeichen für dieses Krankheitsbild sind:

- ein frühzeitiges Sättigungs- oder Völlegefühl beim Essen;
- Spannungen und Blähungen im Oberbauch;
- das Verspüren von Druck und Unbehagen in der Magengrube.

Als seltenere Symptome gelten Übelkeit und Druckschmerz im Magenbereich. Die Dyspepsie vom Motilitätstyp entsteht dadurch, daß die Muskulatur in der Magenwand, die durch ihre Bewegungen den Mageninhalt mit den Verdauungssäften mischt und für den Weitertransport der Nahrung sorgt, nicht richtig funktioniert. Damit verzögert sich die Entleerung des Magens und mitunter auch die der oberen Dünndarmabschnitte. Beim Auftreten solcher Motilitätsstörungen können Streßsituationen oder auch psychische Belastungen eine Rolle spielen. Es ist aber ebenso möglich, daß bei diesen Menschen die Empfindungsschwelle für Dehnungsreize des Magens herabgesetzt ist, d.h. daß sie früher als andere spüren, wenn sich der Magen beim Aufnehmen von Speisen dehnt.

Magenmuskulatur arbeitet nicht richtig

Frühzeitig Gefühl der Magendehnung

Die Behandlung

Welche Maßnahmen der Arzt für nötig hält und ob er zunächst ohne größere (instrumentelle) Untersuchungen eine Behandlung einleiten kann, hängt vom Ergebnis des Gesprächs mit dem Patienten und von seiner Krankheitsgeschichte ab. Den Arzt wird dabei vor allem interessieren, welche Beschwerden der Betroffene als besonders belastend empfindet und warum er – falls diese Beschwerden schon seit längerer Zeit bestehen – gerade zum gegenwärtigen Zeitpunkt den Arzt aufsucht. Vielleicht stellt sich ein Zusammenhang der Beschwerden mit bestimmten Erlebnissen der vergangenen Wochen heraus. Dann ergibt sich auch ein Ansatzpunkt für ein weiteres Gespräch, das möglicherweise schon zur Klärung führt oder für den Arzt einen Hinweis bringt, welche Untersuchungsmethoden er gezielt einsetzen kann. Allein die Erkenntnis, daß etwa zwischen Magenbeschwerden und Belastungssituationen eine Verbindung besteht, ist für den Kranken oft schon sehr hilfreich: Er kann sich mit diesem Wissen besser auf solche Situationen einstellen oder versuchen, sie künftig zu vermeiden.

Entscheidend: Ergebnis des Gesprächs

Gespräch kann Ursachen aufdecken

Manchmal werden die Funktionsstörungen z.B. durch eine Magenkrebserkrankung in der engeren Verwandtschaft oder im Freundeskreis ausgelöst, die der Patient miterlebt oder mit durchleidet. Ängste und Befürchtungen kann der Arzt in diesem Fall abbauen helfen, indem er gleich zu Anfang der Behandlung eine Spiegelung von Speiseröhre, Magen und dem oberen Teil des Zwölffingerdarms mit dem Endoskop durchführt. Wenn er dabei keine organischen Veränderungen findet, also auch eine Krebs-

Krebsangst als Auslöser für Beschwerden

erkrankung ausschließen kann, wird der Patient eher bereit sein, seine Beschwerden als funktionelle Störungen zu akzeptieren, und einer entsprechenden Behandlung positiv gegenüberstehen.

Dyspepsien können wiederholt auftreten

Dyspepsien vom Motilitätstyp können – wie auch andere funktionell bedingte Dyspepsien – immer wieder einmal auftreten. Das Wissen um diese Möglichkeit ist wichtig. Denn wenn die vertrauten Beschwerden das nächste Mal auftauchen, können Sie sie einordnen, allmählich besser annehmen und mit ihnen umgehen lernen. Die Tatsache, daß bei der ärztlichen Untersuchung keine organische Erkrankung festzustellen war, wird Sie beruhigen und Selbstvertrauen und Lebensmut wiedergewinnen lassen. Sie sollten aber auch wissen, daß Sie erneut zum Arzt gehen müssen, sobald sich andere Beschwerden als die gewohnten bemerkbar machen.

Mit vertrauten Beschwerden umgehen lernen

Neben der persönlichen »Ursachenforschung« nach belastenden Ereignissen oder Situationen können auch einige allgemeine Verhaltensmaßnahmen die Beschwerden bessern helfen:

Das sollten Sie beim Essen beachten

- Vermeiden Sie große Mahlzeiten. Essen Sie statt dessen häufiger kleinere Portionen.
- Fettreiche Speisen bleiben länger im Magen, weil sie schwer verdaulich sind. Sie verzögern also die Magenentleerung, die bei der Dyspepsie vom Motilitätstyp ohnehin nicht richtig arbeitet. Ernähren Sie sich aus diesem Grund bevorzugt fettarm.

Medikamente fördern die Magenentleerung

Es gibt außerdem Medikamente, die sogenannten Prokinetika, die die Magenentleerung beschleunigen (s. Kapitel »Mittel gegen Magenentleerungsstörungen und Übelkeit«) und ein Nachlassen des Druck- und Völlegefühls im Magen nach dem Essen bewirken. Wenn Sie zusätzlich unter Übelkeit und Erbrechen leiden, kann der Arzt ein Präparat aus der Arzneimittelgruppe der Prokinetika verschreiben, das diese Symptome gleich mit beseitigt.

»Reizmagen« und »Reizdarm«

Die Dyspepsie vom Motilitätstyp ist bei vielen Menschen mit einem »Reizdarmsyndrom« verbunden, von dem später noch die Rede sein wird (s. Kapitel »Der Reizdarm«). Auch dagegen helfen Prokinetika, weil sie neben der Muskulatur des Magens auch die des Darms zu vermehrter Tätigkeit anregen.

Sodbrennen – die Dyspepsie vom Refluxtyp

Die Beschwerden

Die typischen Rückfluß-beschwerden

Etwa ein Fünftel der Patienten, bei denen der Arzt funktionelle Oberbauchbeschwerden feststellt, leiden unter einer Dyspepsie vom Rückflußtyp. Charakteristisch für diese Beschwerden, die bei jedem gesunden Menschen kurzzeitig und vereinzelt vorkommen können und allgemein als »Sodbrennen« bezeichnet werden, sind:

- das Aufstoßen von saurem Magensaft, der bis in den Mund zurück»schießen« kann;
- ein brennender Schmerz hinter dem unteren Ende des Brustbeins und in der Magengrube.

In den meisten Fällen steigt der Schmerz vom Magen über die Speiseröhre bis in den Rachen hinauf (s. Abb. 12). Beim Bücken oder in Rückenlage können sich die Beschwerden verstärken. Ausgelöst und verstärkt werden sie zudem durch heiße Getränke, Zitrusfrüchte und Fruchtsaft aus Zitrusfrüchten oder Tomaten, durch Alkohol und Rauchen. Sodbrennen entsteht durch den Rückfluß von Speisebrei aus dem Magen in die Speiseröhre. Die darin enthaltene Magensäure greift die Schleimhaut der Speiseröhre an. Im Gegensatz zur Magenschleimhaut produziert die Speiseröhrenschleimhaut keine Schutzstoffe gegen die Säureeinwirkung und wird dadurch gereizt.

Mageninhalt gelangt in die Speiseröhre

Normalerweise ist der Magen durch einen ringförmigen Muskel an der Einmündungsstelle der Speiseröhre abgedichtet. Dieser Verschlußmechanismus

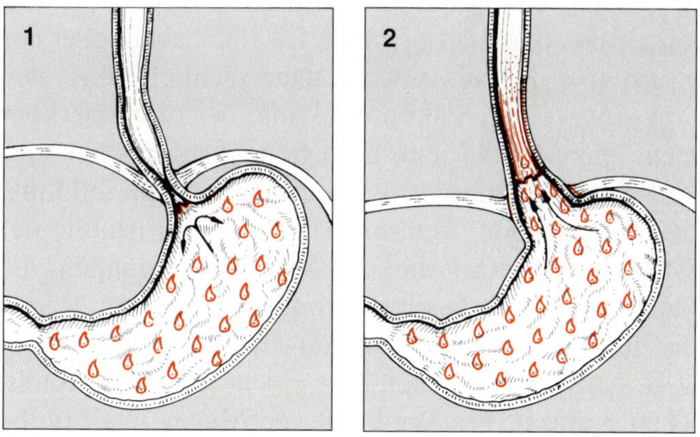

Abb. 12

Der Übergang von der Speiseröhre in den Magen wird von speziellen, besonders angeordneten Muskelstrukturen am Mageneingang abgedichtet (1). Beim Sodbrennen ist der Durchgang vom Magen zur Speiseröhre geöffnet, und der Mageninhalt kann zurück in die Speiseröhre gelangen (2).

verhindert, daß Nahrungsbrei und Säure aus dem Magen zurück in die Speiseröhre gelangen. Bei manchen Menschen ist der Schließmuskel von vornherein zu schwach ausgebildet. Es gibt aber auch eine Reihe von Stoffen, die bewirken, daß der Muskel erschlafft und den Übergang von der Speiseröhre in den Magen nicht mehr richtig verschließt. Solche Stoffe sind z.B. im Zigarettenrauch (Nikotin), in Alkohol, in Kaffee, Tee oder Cola enthalten.

Schließmuskel funktioniert nicht richtig

Sodbrennen kann außerdem von einer erhöhten Magensäureproduktion herrühren. Dahinter stecken oft sehr fetthaltige oder in viel Fett gebratene Speisen, aber auch Süßigkeiten, die die Säurebildung anregen. Zu enge Kleidung, die auf den Magen drückt und den Mageninhalt nach oben – in Richtung Speiseröhre – drängt, zu hastiges Essen, Streß und Nervosität tun ein übriges. Andererseits hat man herausgefunden, daß seelische Aufregungen, ganz gleich, ob sie positive oder negative Gründe haben, über das vegetative Nervensystem, hauptsächlich über den Vagusnerv, die Säureproduktion beeinflussen können. Nicht jeder Mensch reagiert allerdings auf starke Empfindungen mit vermehrter Säurebildung.

Vermehrte Säureproduktion

Beim gesunden Menschen hat die Peristaltik der Speiseröhre – das sind die Muskelbewegungen, die die Nahrung die Speiseröhre hinunter in den Magen befördern – eine »Reinigungswirkung«. Wenn es z.B. beim Bücken nach dem Essen zu einem plötzlichen, kurzzeitigen Rückfluß von Mageninhalt in die Speiseröhre kommt, setzt unwillkürlich, sozusagen automatisch, die Peristaltik ein und drückt den sauren Speisebrei wieder nach unten. Bei Menschen mit Rückflußbeschwerden arbeitet dieser Mechanismus

Peristaltik der Speiseröhre ist gestört

nicht mehr richtig, die Säure bleibt zu lange in der Speiseröhre und löst den brennenden Schmerz aus.

Schleimhaut der Speiseröhre entzündet sich

Fließt der Mageninhalt sehr häufig zurück in die Speiseröhre und verbleibt der saure Nahrungsbrei dort sehr lange, kann es zu Veränderungen an der Speiseröhrenschleimhaut kommen (s. Farbtafel 4). Der Säurereiz führt zu einer Rötung, zu oberflächlichen begrenzten oder großflächigen Schleimhautzerstörungen (Erosionen). Wird die Entzündung der Speiseröhrenschleimhaut – der Fachausdruck heißt »Reflux-Ösophagitis« (Ösophagus = Speiseröhre) – nicht behandelt, können sich mit der Zeit Geschwüre und nachfolgende Verengungen der Speiseröhre entwickeln. Bei älteren Menschen spielt für das Entstehen von Säurerückfluß in die Speiseröhre auch der Zwerchfellbruch (vgl. Kapitel »Zwischen Speiseröhre und Zwölffingerdarm«) eine Rolle. An der Stelle, wo die Speiseröhre kurz vor dem Mageneingang durch das Zwerchfell tritt, schiebt sich der obere Teil des Magens aufgrund einer Erweiterung der Zwerchfellücke in den Brustraum. Damit verliert die Zwerchfellmuskulatur ihren verstärkenden Einfluß auf die Funktion des Schließmuskels am Mageneingang. Eine bereits bestehende Neigung zu Refluxbeschwerden wird dadurch begünstigt.

Sodbrennen auch bei Zwerchfellbruch

Reflux-Ösophagitis und Hiatushernie gehören allerdings bereits zu den durch ärztliche Untersuchungen nachweisbaren, also organischen Krankheitsursachen. Bei Patienten, die über immer wiederkehrendes Sodbrennen klagen, ohne daß sich organische Veränderungen an Speiseröhre und Magen feststellen lassen, spricht der Arzt dagegen von einer Dys-

Rückfluß muß nicht zu Schäden führen

pepsie vom Rückflußtyp. Die neueste medizinische Forschung verwendet im übrigen auch für diese Symptomatik den Begriff »Refluxkrankheit« oder Reflux-Ösophagitis, wenn sich keine organischen Schäden an der Speiseröhrenschleimhaut finden, aber ein Rückfluß von Mageninhalt in die Speiseröhre mit speziellen Meßgeräten festgestellt werden kann. Da das Beschwerdebild meist sehr eindeutig und aus medizinischer Sicht nicht schwerwiegend ist, sind Spiegelung und Röntgenuntersuchung zunächst nicht nötig, zumal wenn die erwähnten »Alarmsymptome« (s. Seite 53) fehlen. Die Behandlung entspricht der einer tatsächlichen Rückflußkrankheit der Speiseröhre. Häufig reicht es bereits aus, wenn der Betroffene einige allgemeine Verhaltensregeln beachtet und zusätzlich ein säurebindendes Medikament einnimmt.

Rückfluß ist mit Meßgeräten nachweisbar

Die Behandlung

Um Sodbrennen zu lindern, helfen oft schon ganz einfache Mittel wie beispielsweise ein Glas verdünnte, warme Milch oder ein Stück altes Weißbrot. Durch diese erste »Notfallmaßnahme« wird die Magensäure »gepuffert« oder neutralisiert bzw. der Säuregehalt im Speisebrei vermindert, das unangenehme Brennen läßt nach. Die alten Hausmittel wie Natron oder Bullrichsalz beseitigen zwar das Sodbrennen zunächst ebenfalls, führen aber oft zu einer überschießenden Magensäurebildung, sobald sie den Magen verlassen haben. Besser und dauerhafter wirken die modernen säureneutralisierenden Medikamente (Antazida), die es rezeptfrei in der Apotheke zu kaufen gibt. Mehr Informationen zu Antazida und anderen Arzneimitteln gegen Magen-

Schnelle Hilfe durch Milch und Weißbrot

Alte Hausmittel helfen nur kurzzeitig

beschwerden bringt das Kapitel »Die Medikamente und wie sie wirken« ab Seite 115.

Antazida binden die Magensäure

Bei einer Dyspepsie vom Rückflußtyp wird Ihnen der Arzt zunächst säurebindende Antazida gegen das Sodbrennen verschreiben. Wenn die eingeleitete medikamentöse Behandlung erfolgreich sein soll, kommt es in hohem Maße auf die Mitarbeit des Patienten an. Damit die Beschwerden möglichst rasch abklingen und damit Sie auch in Zukunft Sodbrennen vermeiden, empfehlen wir Ihnen folgende allgemeine Verhaltensregeln:

Kopfende des Bettes erhöhen

- Schlafen Sie nicht völlig flach. Erhöhen Sie das Kopfende Ihres Bettes durch Holzklötze von etwa 14 Zentimeter Höhe unter den Bettpfosten, durch ein langes Keilkissen, das vom Becken bis zum Kopf reicht, oder mit Hilfe eines verstellbaren Lattenrostes. Dadurch wird dem Rückfluß mit der natürlichen Schwerkraft entgegengewirkt.
- Essen Sie nicht zu viel auf einmal. Häufigere kleine Mahlzeiten sind besser verträglich als wenige große. Der Magendruck steigt weniger an und entsprechend auch der Rückfluß.

Spaziergang statt Mittagsschlaf

- Ein »Nickerchen« nach dem Essen begünstigt den Rückfluß des sauren Speisebreis. Machen Sie lieber zuerst einen Verdauungsspaziergang.
- Nehmen Sie Ihre letzte Mahlzeit mindestens drei bis vier Stunden vor dem Schlafengehen ein, sonst kommt es zu einem oft nicht bemerkten nächtlichen Rückfluß.

Möglichst eiweißreich essen

- Bevorzugen Sie eiweißreiche Mahlzeiten. Süße Speisen haben kaum säurebindende Eigenschaften, und fette Speisen bewirken eine verzögerte Magenentleerung – das fördert den Rückfluß.
- Vermeiden Sie Säfte aus Zitrusfrüchten, Tomaten, Kaffee, Pfefferminze, (Trink-)Schokolade und Cola. Sie sind oft schlecht verträglich.

Alkohol und Nikotin meiden

- Trinken Sie möglichst keinen Alkohol, vor allem keine konzentrierten alkoholischen Getränke wie Schnaps und Likör, und rauchen Sie nicht. Beides schwächt den Verschlußmechanismus zwischen Magen und Speiseröhre und erhöht die Gefahr eines Rückflusses.
- Wenn Sie Übergewicht haben, sollten Sie abnehmen. Übergewicht verstärkt den Druck im Bauchraum und fördert damit den Magensaftrückfluß.

Bequeme Kleidung tragen

- Tragen Sie bequeme Kleidung. Knapp sitzende Hosen und enge Gürtel oder Korsagen führen ebenfalls zu erhöhtem Druck im Bauch und vermehrtem Rückfluß.
- Versuchen Sie Streß und Aufregung zu umgehen, wann immer Sie können.

Vorsicht bei Medikamenten

- Bestimmte Medikamente bewirken, ähnlich wie Nikotin, daß der Muskelverschluß zwischen Magen und Speiseröhre erschlafft. Wenn Sie z.B. wegen einer Herzkrankheit oder anderer Erkrankungen längere Zeit oder auf Dauer regelmäßig Medikamente einnehmen müssen, sollten Sie Ihren Arzt fragen, ob solche Mittel darunter sind.

Lebensmittel, die Sodbrennen verursachen können, stellt Tabelle 5 im Überblick zusammen.

Tabelle 5

Lebensmittel, die Sodbrennen auslösen können

Speisen	Getränke
Fettgebackenes	Kaffee
Mayonnaise	alkoholische Getränke
Hülsenfrüchte	(v. a. hochprozentige)
frisches Brot	Fruchtsäfte
Räucherwaren	Cola
scharfe Gewürze	Schokolade
Süßigkeiten	
Pfefferminze	

Ungünstig: Fettes, Scharfes, Süßes

Zeigt die Behandlung mit säureneutralisierenden Medikamenten nicht den gewünschten Erfolg, so stehen dem Arzt zwei weitere Gruppen von Arzneimitteln zur Verfügung, die er gegen Rückflußbeschwerden verschreiben kann.

Andere wirksame Medikamente

Die sogenannten H_2-Blocker hemmen die Säurebildung im Magen, d.h. sie verhindern, daß überhaupt Magensäure produziert wird. Hilfreich können statt dessen aber auch Medikamente sein, die den Verschlußmechanismus zwischen Magen und Speiseröhre verstärken und gleichzeitig für einen beschleunigten Abtransport des zurückgeflossenen Nahrungsbreis aus der Speiseröhre sorgen. Dazu erfahren Sie mehr im Kapitel »Die Medikamente und wie sie wirken«.

Wenn auch diese Mittel nicht ansprechen und der Patient weiterhin immer wieder unter Rückflußbeschwerden leidet, wird der Arzt auf weiterführende Untersuchungsverfahren zurückgreifen – z.B. die Spiegelung mit dem Endoskop oder die Messung von Druck und Entleerungsbewegungen in der Speiseröhre. Mit einem Spezialgerät lassen sich außerdem Häufigkeit und Dauer des Magensaftrückflusses genau feststellen.

Zusätzliche Untersuchungen bei Sodbrennen

Rückflußbeschwerden, die über Monate hin andauern und nicht behandelt werden, können zur Folge haben, daß der Nahrungstransport durch die Speiseröhre allmählich behindert wird. Schwierigkeiten gibt es zunächst vor allem bei Brot und Fleisch, die »nicht mehr richtig hinuntergehen«. Schließlich verträgt der Betroffene selbst breiige Kost kaum noch. Die Entzündung der Speiseröhrenschleimhaut durch den ständigen Säurereiz führt nach dem Abheilen zu Vernarbungen. Das vernarbte Gewebe wiederum zieht sich zusammen und verengt die Speiseröhre.

Spätfolge: Verengung der Speiseröhre

Auch ein Tumor im unteren Teil der Speiseröhre behindert die Passage der Nahrung zum Magen. Schluckstörungen, das »Wiederhochkommen« unverdauter Speisen und krampfartige Schmerzen im Oberbauch können außerdem Anzeichen einer Speiseröhrenerkrankung sein, die in der Fachsprache Achalasie heißt. Der Schließmuskel zwischen Speiseröhre und Magen erschlafft beim Schlucken nicht richtig oder gar nicht und blockiert auf diese Weise den Mageneingang für Speisen. Oft sind seelische Belastungen, Hektik und zu schnelles Essen mit den Beschwerden verbunden.

Andere Ursachen für Schluckstörungen

Länger als acht Tage anhaltendes Sodbrennen, Schluckbeschwerden oder das Gefühl steckengebliebener Bissen in der Speiseröhre sollten also für jeden Menschen Anlaß genug sein, zum Arzt zu gehen. Gerade bei Sodbrennen kann rechtzeitige Behandlung schlimmeren Folgen vorbeugen.

Rechtzeitig zum Arzt gehen!

Schmerzen auf nüchternen Magen – die Dyspepsie vom Geschwürstyp

Die Beschwerden

Unter einer Dyspepsie vom Ulkustyp, die bei etwa 20 Prozent der Patienten mit funktionellen Magenbeschwerden festgestellt wird, versteht man ein Beschwerdebild, wie es dem bei tatsächlich vorhandenen Magen- oder Zwölffingerdarmgeschwüren entspricht – freilich ohne daß der Arzt organische Ursachen für die Beschwerden finden kann.

Beschwerden wie bei einem Geschwür

Das typische Anzeichen für die Dyspepsie vom Ulkustyp ist der sogenannte »Nüchternschmerz«: Schmerzen in der Magengegend, die nachts auf nüchternen Magen auftreten und sich bessern oder ganz abklingen, wenn man ein Glas Milch trinkt oder einen Keks oder Zwieback knabbert bzw. überhaupt etwas Eßbares zu sich nimmt. Solche Beschwerden lassen normalerweise an ein Geschwür in der Nähe des Magenausgangs oder ein Zwölffingerdarmgeschwür denken. Auch wenn es tagsüber im Magenbereich weh tut und die Schmerzen durch säureneutralisierende Medikamente oder Essen beeinflußbar sind, wird der Arzt eher eine funktionelle Dyspepsie vermuten. Äußern sich die Schmerzen

»Nüchternschmerz« in der Nacht

allerdings sehr heftig und kommt Erbrechen hinzu, liegt der Verdacht auf eine tatsächliche Geschwürkrankheit nahe.

Die Behandlung

Abklären durch Magenspiegelung

Wenn Sie mit solchen Beschwerden den Arzt aufsuchen, wird er Ihnen in der Regel zu einer Magenspiegelung raten. (Die Wahrscheinlichkeit, daß er dabei ein Geschwür im Magen oder Zwölffingerdarm feststellt, ist übrigens größer als das Vorfinden gesunder Organe.)

Linderung durch Antazida oder Säurehemmer

Zeigen sich bei der Spiegelung keinerlei krankhafte Veränderungen, können Arzt und Patient sichergehen, daß es sich um funktionelle Beschwerden handelt. Zur Behandlung wird der Arzt, da die geschwürstypischen Schmerzen wie die bei Rückflußbeschwerden von einem Zuviel an Magensäure herrühren, als erste Maßnahme säurebindende Medikamente verordnen. Halten die Schmerzen trotzdem weiter an, empfehlen sich auch hier die schon erwähnten Säurehemmer. Für eine sinnvolle und erfolgreiche Behandlung mit Antazida sollten Sie bei der Einnahme auf einige wichtige Grundregeln achten. Die nötigen Informationen dazu können Sie im Kapitel »Säurebindende Mittel« nachlesen.

Langzeitbehandlung nicht nötig

Während Patienten mit einem Magen- oder Zwölffingerdarmgeschwür über einen Zeitraum von zwei bis drei Jahren Medikamente einnehmen müssen – damit soll ein neuerliches Geschwür, besonders bei Menschen mit erhöhtem Rückfallrisiko, verhindert werden –, ist eine solche Langzeitbehandlung mit H_2-Blockern bei einer Dyspepsie vom Geschwürstyp nicht notwendig. Allerdings gilt es, wie bei Geschwürkranken auch, bei der Ernährung zumindest eine Zeitlang vorsichtig zu sein.

Grundsätzlich sollten Sie Kaffee, Alkohol und scharf gewürzte Speisen vermeiden, weil sie die Magenschleimhaut angreifen können. Darüber hinaus sollte jeder, der unter einer funktionellen Dyspepsie leidet, bestimmte Nahrungsmittel aus dem Speiseplan streichen, von denen er weiß, daß er sie schlecht verträgt. Welche das sind, muß jeder aus seinen eigenen Erfahrungen heraus entscheiden – und die können von Mensch zu Mensch sehr unterschiedlich sein. Nikotin dagegen ist für alle Magenkranken ein schädliches Genußmittel. Sie sollten deshalb das Rauchen aufgeben oder wenigstens sehr stark einschränken.

Essen Sie nur, was Sie gut vertragen

Verzichten Sie auf Zigaretten

Weitere Hinweise zur Ernährung und zu allgemeinen Verhaltensmaßnahmen für Menschen mit Magenproblemen lesen Sie im Kapitel »Gesunde Lebensführung« ab Seite 135.

Die essentielle Dyspepsie

Die Beschwerden

Lassen sich die Beschwerden keinem der bisher beschriebenen Dyspepsietypen zuordnen, dann bezeichnet man das Beschwerdebild als essentielle (von lateinisch wesentlich, medizinisch »selbständig«) oder »unspezifische« Dyspepsie. Immerhin sind etwa 20% der Patienten mit funktionellen Oberbauchbeschwerden davon betroffen. Für organische Veränderungen, die die Beschwerden verursachen könnten, gibt es keinen Nachweis. Der Verdacht,

Unklares Beschwerdebild

eine vermehrte Bildung von Magensäure oder eine stärkere Empfindlichkeit gegen die Magensäure seien für die essentielle Dyspepsie verantwortlich, hat sich nicht bestätigt.

Bakterielle Infektion als Auslöser?

Eine Verbindung der Beschwerden mit einem bestimmten Bakterium in der Magenschleimhaut wird derzeit unter den Fachmedizinern diskutiert. Dieses Bakterium namens Helicobacter pylori befällt die Magenschleimhaut, läßt sich über eine histologische Untersuchung (Biopsie) im Gewebe feststellen und gilt heute als überwiegender Auslöser für die chronische Magenschleimhautentzündung (Gastritis). Auf diese – organische – Magenkrankheit kommen wir in einem besonderen Kapitel noch ausführlich zu sprechen (s. Seite 77).

Bakterium macht nicht immer Beschwerden

Die Infektion der Magenschleimhaut mit dem Helicobacter-pylori-Bakterium ist weit verbreitet. Jedoch tragen viele Menschen den Keim im Magen, ohne jemals Magenbeschwerden zu entwickeln. Auch die Suche nach einem typischen Beschwerdebild, das den Arzt geradewegs auf eine Helicobacter-Infektion bei seinem Patienten hinweist, blieb bisher ohne sicheres Ergebnis.

Zusammenhang mit chronischer Gastritis möglich

Trotzdem erscheint es möglich, daß bei einem kleinen Teil der Patienten mit funktionellen Magenbeschwerden ein Zusammenhang mit einer schweren Gastritis durch eine massive Besiedelung mit Helicobacter pylori besteht. Bei diesen Patienten verschwinden die Schmerzen, sobald das Bakterium mit Hilfe einer gezielten medikamentösen Behandlung beseitigt ist. Da aber gerade bei funktionellen Dyspepsien oft seelische Belastungen oder einschneidende Ereignisse in der Lebensgeschichte des betroffenen Menschen eine wichtige Rolle spielen, läßt sich nicht immer klar abgrenzen, worauf die Besserung der Beschwerden zurückzuführen ist. Bis die Medizin hierzu eindeutige Aussagen machen kann, sind noch weitere Forschungen notwendig.

Ursachenforschung noch im Gange

Die Behandlung

Solange die genaue Ursache der Magenbeschwerden bei einer essentiellen Dyspepsie ungeklärt bleibt, wird der Arzt verschiedene Behandlungsansätze ausprobieren, so z.B. die Verordnung von säureneutralisierenden Medikamenten oder von solchen, die die Magensäurebildung hemmen, oder auch von Mitteln gegen Magenentleerungsstörungen und Übelkeit (Prokinetika). Wie bei funktionellen Verdauungsstörungen überhaupt, kann das offene Gespräch zwischen Patient und Arzt eine große Hilfe sein. Auch der Verzicht auf schlecht verträgliche Nahrungsmittel und eine Umstellung auf weniger streßfördernde Lebensgewohnheiten werden möglicherweise zum Abklingen der Beschwerden beitragen (mehr dazu im Kapitel »Gesunde Lebensführung«).

Verschiedene Behandlungswege

Der Reizdarm

Die Beschwerden

Das funktionelle Beschwerdebild des Reizdarms oder, medizinisch exakt ausgedrückt, des »Reizdarmsyndroms« bzw. »Reizdarmkomplexes« ist geprägt durch Schmerzen im gesamten Bauchraum, also auch im Oberbauch und damit in der Magengegend. Untersuchungen haben nachgewiesen, daß das

Aufblasen von in den Dickdarm gebrachten Ballons Beschwerden im Oberbauch hervorruft. Durch Betasten des Querdarms – das ist der unterhalb des Magens quer von rechts nach links verlaufende Anteil des Dickdarms (vgl. Abb. 1) – kann der Arzt ganz ähnliche Symptome auslösen, d.h. die Schmerzen beim Betasten des Querdarms strahlen bis in die Magengrube aus.

Schmerzausstrahlung auf den Magen

Bis zu ein Drittel der Beschwerden bei Patienten mit einem Reizmagen sind durch einen Reizdarm bedingt oder mitbedingt. Es kann also ein Reizmagen zusammen mit einem Reizdarm vorkommen. Beide Störungen sind häufig. Andererseits kann, wie wir gerade gesehen haben, der Reizdarm selbst die Beschwerden eines Reizmagens machen. Eine Entscheidung für die Diagnose Reizmagen oder Reizdarm ist dem Arzt häufig schon möglich, wenn er das Beschwerdebild mit Hilfe des Patienten genau aufschlüsselt. Für das Vorliegen eines Reizdarms sprechen folgende Anzeichen:

Reizmagen oder Reizdarm – oder beides?

Typische Beschwerden bei Reizdarm

- durchfälliger Stuhl im Zusammenhang mit dem Auftreten von Schmerzen;
- das Abklingen der Schmerzen nach dem Stuhlgang oder dem Abgang von Winden;
- der Abgang von Schleim allein oder mit dem Stuhlgang;
- das Gefühl, den Darm nur unvollständig entleert zu haben.

Das Reizdarmsyndrom entsteht durch übermäßige Kontraktionen, d.h. durch heftiges Zusammenziehen der Muskulatur, in der Darmperistaltik, die sich als krampfartige Schmerzen äußern. Bei den betroffenen Menschen kann aber auch die Reizschwelle gegenüber Gesunden herabgesunken sein, so daß sie diese Muskelbewegungen sehr viel eher als schmerzhaft empfinden. Magen und Dickdarm stehen dabei über den sogenannten »gastrokolischen Reflex« in Verbindung. Wie er genau funktioniert, ist noch nicht völlig erforscht, aber soviel scheint klar zu sein: Wenn Nahrung über die Speiseröhre in den Magen gelangt, signalisiert dieser dem Dickdarm mit bestimmten Botenstoffen, die vermutlich über das Blut transportiert werden, »Platz zu machen« für das, was von oben nachkommt. Der Dickdarm reagiert darauf mit Muskelkontraktionen, die seinen Inhalt weiterbefördern sollen, und bewirkt bei Menschen mit Reizdarmsyndrom die geschilderten Schmerzen.

Geheimnis des »gastrokolischen Reflexes«

Die Behandlung

Auch das Reizdarmsyndrom zählt zu den funktionellen Störungen, denen keine organischen Ursachen zugrunde liegen. Ein aufklärendes Gespräch, in dem der Arzt seinem Patienten erläutert, daß keine lebensbedrohlichen Krankheiten hinter den Beschwerden stecken, kann oft schon erleichternd wirken und die Augen öffnen für anderweitige Zusammenhänge, etwa zwischen den Schmerzen und seelischen Nöten oder belastenden Situationen.

Auch hier spielt die Psyche mit

Folgende Maßnahmen haben sich außerdem bei der Behandlung des Reizdarms bewährt:

- Nehmen Sie morgens auf nüchternen Magen ein bis zwei Eßlöffel Leinsamengranulat oder

Weizenkleie mit mindestens einem halben Liter Flüssigkeit zu sich.

Ballaststoffreiche Ernährung hilft

- Bevorzugen Sie eine ballaststoffreiche Kost mit Vollkornbrot und -brötchen, Leinsamenbrot, Vollkornmüsli, Gemüse und Obst (mehr dazu im Kapitel »Ernährung: Der Sinn von Schonkost und Diäten«).
- Bei sitzender Tätigkeit sollten Sie alle ein bis zwei Stunden aufstehen und sich bewegen oder Bewegungsübungen machen.

Dickdarm-Massage nach Krauß

- Ein gutes Hilfsmittel ist die Kolonmassage nach Krauß (Kolon = Dickdarm): Diese »Fünf-Druckpunkt-Massage« wird zunächst vom Physiotherapeuten durchgeführt. Sie können sie aber auch erlernen und zu Hause selbst anwenden. Sprechen Sie mit Ihrem Arzt darüber.

Krampflösende Medikamente

- Die Beschwerden lindern können eventuell auch Medikamente, die krampflösend wirken oder die Bewegungen der Darmmuskulatur fördern. Sie muß der Arzt verschreiben.

Wenn die Schmerzen trotzdem nicht aufhören oder wenn sich die Beschwerden deutlich verändern – z.B. bei Blut im Stuhl oder bei fortschreitender Gewichtsabnahme –, sollten Sie unbedingt erneut zum Arzt gehen.

Die Magenschleimhautentzündung (Gastritis)

Das vorausgehende Kapitel über den »nervösen Magen« hat sich ausschließlich mit funktionellen Magenbeschwerden beschäftigt, die nicht auf nachweisbare Organveränderungen oder -schäden zurückzuführen sind. In den nun folgenden Kapiteln unseres Ratgebers wollen wir diejenigen Magenerkrankungen behandeln, bei denen sich tatsächliche organische Ursachen feststellen lassen. Mit einer weniger schwerwiegenden Erkrankung, der Magenschleimhautentzündung, wollen wir beginnen.

Unterschied zwischen akuter und chronischer Gastritis

Die Medizin unterscheidet zwei Formen der Magenschleimhautentzündung, die akute, also plötzlich auftretende, und die chronische Gastritis. Streng genommen sprechen Fachmediziner heute nur noch dann von einer Gastritis, wenn diese Diagnose sich histologisch (d.h. durch eine Biopsie) nachweisen läßt. Es erscheint deshalb sinnvoller, im Fall der akuten Gastritis die Begriffe »akute Dyspepsie« oder »Magenverstimmung« zu verwenden. Anhand ihrer Symptome und ihres Verlaufs lassen sich akute und chronische Gastritis deutlich voneinander abgrenzen.

Die akute Gastritis

Die Beschwerden und ihre Ursachen

Beschwerden wie beim Reizmagen

Eine entzündete Magenschleimhaut macht im akuten Stadium ganz ähnliche Beschwerden wie ein Reizmagen. Sie äußert sich durch:

- heftige Schmerzen im Oberbauch und Druckgefühl in der Magengegend;
- Übelkeit, die bis zum Erbrechen führen kann;
- Appetitlosigkeit.

Ursachen meist klar erkennbar

Im Gegensatz zum Reizmagen gibt es aber meist eine oder mehrere Ursachen, die für die Erkrankung verantwortlich sind. Im allgemeinen handelt es sich dabei um einmalige Anlässe oder Ereignisse, zu denen sich ein direkter Bezug herstellen läßt. Dazu zählen:

- übermäßiger Alkoholgenuß;
- eine Lebensmittelvergiftung durch verdorbene Speisen;
- die Einnahme von Schmerzmitteln oder Medikamenten gegen Rheuma.

Auch eine Infektion der Magenschleimhaut mit dem schon erwähnten Bakterium Helicobacter pylori (s. Kapitel »Die essentielle Dyspepsie«) führt zunächst zu einer akuten Gastritis, die allerdings nicht mit Beschwerden verbunden sein muß. Während diese bakteriell bedingte Entzündung aber meistens nicht ausheilt und in eine chronische Gastritis übergeht, klingt die akute Gastritis, die durch die anderen genannten Einflüsse ausgelöst wird, fast immer nach ein paar Tagen von allein wieder ab. Voraussetzung dafür ist natürlich, daß man genau diese schädigenden Stoffe oder Umstände vermeidet.

Klingt nach einigen Tagen von allein ab

Genußmittel wie Alkohol und Nikotin, Bakterien, die mit verdorbener Nahrung in den Magen gelangen, oder bestimmte Substanzen, wie sie in vielen

Schmerz- und Rheumamitteln enthalten sind – wir kommen später im Kapitel »Medikamente: Nebenwirkungen auf den Magen« darauf zu sprechen –, greifen die Magenschleimhaut an und bewirken eine akute Entzündung. Wir sagen dazu: »Ich habe mir den Magen verdorben«.

Die Behandlung

Im allgemeinen ist eine Behandlung mit Medikamenten nicht nötig. Bei einer akuten Gastritis sollten Sie einige Stunden nichts essen (die meisten Menschen haben dann ohnehin keinen Appetit). Bis zum Nachlassen der Beschwerden sollten Sie sich Ruhe gönnen und jeder Aufregung aus dem Weg gehen. Trinken Sie nur dünnen schwarzen Tee oder Kräutertees, die den Magen beruhigen. Heilpflanzentees und Teemischungen gibt es in der Apotheke. Lassen Sie sich beraten, oder probieren Sie selbst aus, was Ihnen guttut; Pfefferminztee z.B. wird von vielen Magenkranken schlecht vertragen (warum das so ist, steht im Kapitel »Pflanzliche Heilmittel«, Seite 153; dort erfahren Sie auch, welche Heilpflanzen bei Magenbeschwerden helfen können und wie die verschiedenen Kräutertees zubereitet werden).

Zunächst am besten nichts essen

Kräutertee beruhigt den Magen

Eine leichte, reizarme Kost mit Haferschleim, Toastbrot oder angeröstetem Weißbrot und Zwieback ist das Richtige für den angegriffenen Magen, bis Sie allmählich wieder zu Ihrer normalen Ernährung zurückkommen können. Hausmittel wie Kohletabletten, die schädliche Substanzen im Magen aufsaugen, eine Rollkur mit Kamillentee (wie das geht, sagt Ihnen das Kapitel »Pflanzliche Heilmittel«), Milch, säureneutralisierende Medikamente oder ein feucht-

Später: Haferschleim, Toast, Zwieback

warmer Wickel um den Oberbauch wirken ebenfalls beruhigend. Trockene Wärme, z.B. von einem Heizkissen, empfinden viele Menschen dagegen als weniger angenehm.

Geschädigte Schleimhaut kann bluten

Alkohol, Schmerz- und Rheumamittel können die Magenschleimhaut aber auch so stark schädigen, daß kleine Defekte an der Schleimhautoberfläche entstehen. In diesen seltenen Fällen kann es zu Blutungen im Magen kommen. Das Blut wird entweder erbrochen oder mit dem Stuhl ausgeschieden, der sich durch die Beimengung von »verdautem« Blut teerschwarz verfärbt. Wenn Sie solche Anzeichen bemerken oder wenn die Erkrankung nicht innerhalb von drei bis vier Tagen abklingt, müssen Sie unbedingt den Arzt aufsuchen.

Die chronische Gastritis

Eine »verborgene Krankheit«

Verläuft oft völlig ohne Beschwerden

Typische Warnzeichen, die auf eine chronische Gastritis hinweisen, gibt es nicht. Sie kann völlig ohne Beschwerden verlaufen oder ähnliche Symptome wie ein Reizmagen auslösen, so z.B. ein Druck- und Völlegefühl im Oberbauch nach dem Essen. Oft wird die chronische Gastritis nur zufällig bei einer endoskopischen Untersuchung entdeckt, die aus einem ganz anderen Grund erfolgt ist.

Nachweis durch Biopsie

Eindeutig feststellen kann der Arzt diese Erkrankung nur mit Hilfe einer Gewebeentnahme aus der Magenschleimhaut. Auch eine Behandlung ist nur dann notwendig, wenn Schmerzen oder Beschwerden auftreten.

Die chronische Magenschleimhautentzündung findet sich besonders häufig bei älteren Menschen. Man nimmt deshalb an, daß bei ihrer Entwicklung das Alter eine wichtige Rolle spielt. Sie beginnt mit entzündlichen Veränderungen an der Schleimhautoberfläche, die dann auf die gesamte Schleimhaut übergreifen. Mit fortschreitendem Alter kann sich die Magenschleimhaut immer mehr – manchmal sogar ganz – zurückbilden. Dieser Prozeß bringt aber bei der Mehrzahl der Betroffenen auch keine schwerwiegenden Folgen mit sich.

Besonders häufig im Alter

Schuld an der chronischen Gastritis ist in 80 Prozent der Fälle das Bakterium Helicobacter pylori, das sich in der Magenschleimhaut einnistet und bei einer Biopsie nachgewiesen werden kann. Wird dieser Keim durch eine medikamentöse Behandlung beseitigt, dann schreitet die chronische Gastritis nicht mehr weiter fort. Bestimmte Unterarten des Bakteriums können aber auch dafür sorgen, daß sich aus der Erkrankung ein Magen- oder Zwölffingerdarmgeschwür entwickelt.

Verursacht durch Bakterium Helicobacter

Neben dem »Risikofaktor« Alter und der Infektion durch Helicobacter pylori werden weitere Einflüsse für die Entstehung einer chronischen Gastritis verantwortlich gemacht. Dazu zählen Durchblutungsstörungen in der Magenschleimhaut und ein übermäßig starker und langanhaltender Rückfluß von Gallen- und Dünndarmsaft in den Magen, wie er z.B. nach Magenoperationen vorkommt (s. dazu das Kapitel »Wie man sich nach einer Magenoperation richtig verhält«). Der Säuregehalt des Magens hat für die chronische Gastritis keine Bewandnis. Im

Weitere mögliche Auslöser

Magensäurebildung geht zurück

Gegenteil: Die Magenschleimhaut, die sich Schritt für Schritt zurückbildet, produziert natürlich auch immer weniger Salzsäure. Magentätigkeit und Verdauung funktionieren in der Regel aber auch bei Säuremangel oder gar völligem Fehlen der Salzsäure, wie im Kapitel »Was tut der Magen für die Verdauung?« beschrieben. Kritisch für die Gesundheit kann eine fortgeschrittene chronische Gastritis dann werden, wenn der Körper Eisen und Vitamin B_{12} für die Blutbildung nicht mehr aus der Nahrung aufzunehmen in der Lage ist. Die Salzsäure sorgt normalerweise dafür, daß Eisen verwertet wird, indem sie es aus dem Mageninhalt herauslösen hilft und in eine vom Darm leicht aufnehmbare Form bringt. Der Magensaft enthält den Intrinsic-Faktor für die Aufnahme von Vitamin B_{12}. Wenn der in der Leber gespeicherte Vorrat des Vitamins verbraucht ist und der Nachschub ausbleibt, kommt es zu einer schweren Blutarmut und zu Nervenstörungen.

Kritisch: Mangel an Eisen und Vitamin B_{12}

Magenkrebsrisiko steigt

Außerdem steigt bei dieser seltenen ausgeprägten Gastritis das Risiko, an Magenkrebs zu erkranken. Wer eine chronische Gastritis mit nachgewiesener Rückbildung der Magenschleimhaut hat, sollte deshalb in Absprache mit seinem Arzt von Zeit zu Zeit eine Magenspiegelung durchführen lassen.

Die Behandlung

Die chronische Gastritis muß an sich nicht behandelt werden, es sei denn, es bestehen Beschwerden, die am ehesten durch sie hervorgerufen werden. Die medikamentöse Behandlung richtet sich danach, welche Symptome im Vordergrund stehen. Ein Eisen- und Vitamin-B_{12}-Mangel durch die Rückbildung der

Magenschleimhaut und den damit verbundenen Magensäureverlust muß über spezielle Medikamente ausgeglichen werden. Der Vitamin-B_{12}-Haushalt beispielsweise läßt sich regelmäßig alle vier Wochen mit einer Spritze auffüllen.

Der größte Teil der Erkrankungen an chronischer Gastritis verläuft jedoch ohne weitreichende Komplikationen. Eine Infektion mit dem Bakterium Helicobacter pylori kann, sobald sie entdeckt ist, gezielt behandelt werden. Das wird man aber nur bei entsprechenden Beschwerden, einer hochaktiven und durch massive Keimbesiedlung gekennzeichneten Gastritis machen. Dazu setzt der Arzt Wismut-Präparate in Kombination mit anderen Substanzen ein, die den Keim zerstören und eine weitere Rückbildung der Schleimhaut verhindern. Da die meisten Menschen mit chronischer Gastritis aber keine Beschwerden haben und auch kein Magengeschwür aus dieser Gastritis entwickeln, geht man in der Fachmedizin derzeit davon aus, daß eine medikamentöse Behandlung nicht notwendig ist.

Behandlung der bakteriellen Infektion

Kommt es gelegentlich doch zu Beschwerden ähnlich denen bei einem Reizmagen, so kann es auch bei chronischer Gastritis nützlich sein, auf Alkohol, belastende Speisen und scharfe Gewürze zu verzichten und möglichst keine Medikamente einzunehmen, die die Magenschleimhaut angreifen (lesen Sie dazu das Kapitel »Gesunde Lebensführung«).

Aufpassen beim Essen und bei Medikamenten

Geschwüre im Magen und Zwölffingerdarm

Magengeschwüre gehören zu den bekanntesten Erkrankungen des Magens. Wie sie entstehen, welche Beschwerden sie machen und auf welchem Wege sie erfolgreich behandelt werden können, schildert das folgende Kapitel.

Was ist ein Geschwür?

In der Umgangssprache wird der Begriff »Magengeschwür« oft umfassend sowohl für das Magengeschwür im eigentlichen Sinn als auch für das Zwölffingerdarmgeschwür verwendet. Zwischen den beiden Erkrankungen bestehen tatsächlich viele Gemeinsamkeiten, aber auch erhebliche Unterschiede. Das Zwölffingerdarmgeschwür kommt außerdem zwei- bis dreimal häufiger vor als das Magengeschwür. Frauen und Nichtraucher sind von beiden Geschwürsleiden seltener betroffen.

Häufiger bei Männern und Rauchern

Voraussetzung für das Entstehen eines Geschwürs ist grundsätzlich ein Ungleichgewicht von schleimhautschädigenden und schleimhautschützenden Substanzen im Magen. Im Gegensatz zu den oberflächlichen Schleimhautverletzungen oder -defekten bei einer Gastritis dringt ein Geschwür kraterförmig in die tieferliegenden Schichten der Magen- und Darmwand ein (s. Abb. 13 und Farbtafel 3) und kann sie im schlimmsten Fall sogar durchbrechen. Es handelt sich dabei, verglichen mit dem Magenkrebs, um eine

»Krater« in der Magenwand

gutartige, relativ harmlose Erkrankung, die etwa jeden zehnten Erwachsenen im Laufe seines Lebens befällt. Der große Nachteil des Magen- und Zwölffingerdarmgeschwürs ist seine hohe Wiederholungsrate: Auch ein einmal völlig abgeheiltes Geschwür neigt zu Rückfällen, zwischen denen längere beschwerdefreie Pausen liegen können, d.h. es kann sich eine chronische Erkrankung mit immer wiederkehrenden sogenannten »Ulkusschüben« entwickeln. Ungefähr 70 Prozent der Menschen mit einem Zwölffingerdarmgeschwür und 50 Prozent der Menschen mit einem Magengeschwür erleiden innerhalb eines Jahres einen Rückfall des Geschwürs

Geschwüre neigen zu Rückfällen

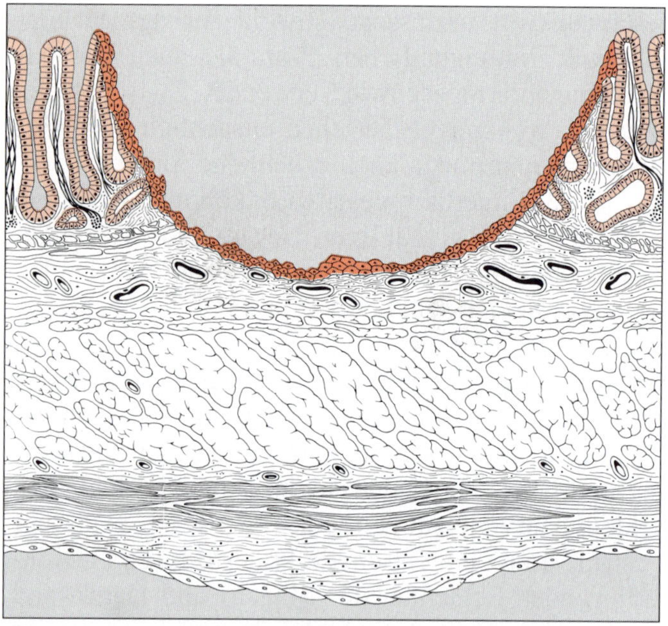

Abb. 13

Ein Geschwür wächst kraterförmig in die Magenwand hinein und zerstört allmählich die tieferliegenden Wandschichten. Im schlimmsten Fall kommt es zum Durchbruch.

(Ulkusrezidiv). Während sich der akute Geschwürsschub mit Hilfe sehr gut wirksamer Medikamente fast immer beherrschen läßt, ist das Problem der Rezidive medizinisch noch nicht ganz gelöst.

»Symptomlose« Geschwüre

Andererseits gibt es Zwölffingerdarm- und auch Magengeschwüre, die überhaupt keine Beschwerden verursachen und nur durch Zufall bei einer Magen- bzw. Darmspiegelung entdeckt werden. Solche symptomlosen Geschwüre können insbesondere die eben erwähnten Rezidivfälle sein. Weil bei einem nicht unerheblichen Teil der Geschwüre Krankheitszeichen fehlen, kann es vorkommen, daß ohne jede Warnung plötzlich eine Magenblutung oder ein Durchbruch (Perforation) des Geschwürs auftritt. Das passiert vor allem bei älteren Menschen und bei Patienten, die regelmäßig Rheumamittel einnehmen müssen. Wer weiß, daß er einen »empfindlichen« Magen hat, oder wer bereits ein Magen- oder Zwölffingerdarmgeschwür überstanden hat, muß seinen Arzt vor einer Behandlung mit Antirheumatika unbedingt darüber informieren. Auf Nebenwirkungen und Vorsichtsmaßnahmen bei einer solchen Behandlung geht das Kapitel »Medikamente: Nebenwirkungen auf den Magen« ausführlicher ein.

Rheumamittel begünstigen Geschwürleiden

Sonderfall »Streßulkus«

Ein eher seltener Sonderfall ist das sogenannte »Streßulkus«, das sich innerhalb kürzester Zeit bilden und rasch zu Komplikationen wie Magen-Darm-Blutungen oder Durchbruch der Magenwand führen kann. Es wird durch plötzliche, sehr starke körperliche und seelische Belastungen ausgelöst, wie sie z.B. schwere Unfälle mit Schädelverletzungen, Verbrennungen oder Operationen hervorrufen.

In diesen Situationen muß der Arzt vorbeugend mit geeigneten Medikamenten behandeln.

Schließlich gibt es auch Fälle, in denen Patienten weiterhin über Beschwerden klagen, selbst wenn das Geschwür bereits abgeheilt ist.

Die Beschwerden und ihre Ursachen

Bei beiden Geschwüren oft ähnliche Beschwerden

In der Regel lassen sich Magen- und Zwölffingerdarmgeschwüre anhand der Beschwerden, die sie verursachen, nicht deutlich voneinander abgrenzen – abgesehen von den zahlreichen Geschwürerkrankungen, bei denen Beschwerden ganz ausbleiben. Charakteristisch für beide Geschwüre sind Schmerzen im Oberbauch unterhalb des Rippenbogens, die beim Magengeschwür eher links von der Mitte und beim Zwölffingerdarmgeschwür eher rechts von der Mitte oder in der Magengrube empfunden werden. Allerdings können Magengeschwüre, die sich im Magenausgang befinden, genau die gleichen Beschwerden wie ein Zwölffingerdarmgeschwür machen.

Schmerzen zu bestimmten Zeiten

Beim Magengeschwür treten die Schmerzen meist nach dem Essen auf, d.h. sie werden durch Nahrungsaufnahme eher hervorgerufen als gebessert. Ein Zwölffingerdarmgeschwür dagegen geht mit dem schon beschriebenen »Nüchternschmerz« einher, der dann einsetzt, wenn Magen (und Anfangsteil des Zwölffingerdarms) wieder leer sind, und sich durch eine kleine Mahlzeit oder die Einnahme säurebindender Medikamente lindern läßt. Oft haben Menschen, die unter diesen Schmerzen leiden, schon selbst die Erfahrung gemacht, daß eine Scheibe

Zwieback oder ein Antazidum schnell und wirkungsvoll helfen, und haben auf ihrem Nachttisch die bevorzugten Mittel stehen. Weil der Schmerz im allgemeinen auf nüchternen Magen einsetzt, verspüren Patienten mit einem Zwölffingerdarmgeschwür häufig Hunger, während ein Magengeschwür regelrecht den Appetit verdirbt, da die Schmerzen erst mit dem Essen kommen.

Oft abhängig von Jahreszeiten und Streß

Außerdem stellen viele Ulkuskranke fest, daß ihre Beschwerden nicht selten zu bestimmten Jahreszeiten oder auch nach größeren seelischen Belastungen auftreten. Alle diese Beobachtungen können für den untersuchenden Arzt wertvolle Hinweise auf die Art der Erkrankung sein.

Ausdehnung auf Nachbarorgane

Sind die Schmerzen bohrend und strahlen sie in den Rücken zur Wirbelsäule aus, so besteht die Möglichkeit, daß das Geschwür die Magengrenzen überschritten hat und in Nachbarorgane wie z.B. die Bauchspeicheldrüse eingedrungen ist. Völle- und Druckgefühl im Magen, fauliges Aufstoßen und schließlich Erbrechen können Anzeichen eines Geschwürs in der Nähe des Magenpförtners sein, das die Magenentleerung behindert. Dann ist der Magen allerdings schon deutlich erweitert. Wenn der Magen infolge einer solchen Verengung nicht mehr genügend Nahrung an den Darm weitergeben kann, verlieren die betroffenen Menschen rasch an Gewicht. Nur eine rechtzeitige Behandlung kann gefährlichen Komplikationen entgegensteuern.

Geschwür kann Magenentleerung behindern

Wer die beschriebenen Krankheitzeichen an sich beobachtet, sollte also nicht lange abwarten, sondern

Untersuchung zum Ausschluß von Magenkrebs

so bald wie möglich zum Arzt gehen. Das ist auch deshalb besonders wichtig, weil ein Magenkrebs, wie wir später noch sehen werden, ähnliche Beschwerden wie ein Magengeschwür verursachen kann und auch unter ähnlichen Voraussetzungen entsteht. Das heißt nicht, daß sich aus einem Magengeschwür unbedingt eine bösartige Geschwulst entwickeln muß. Ein solches Risiko wird heutzutage als außerordentlich selten eingeschätzt.

Am sichersten: Magenspiegelung mit Biopsie

Ein frühzeitiger Besuch beim Arzt und eine endoskopische Untersuchung mit gezielter Gewebeentnahme sind das beste und sicherste Mittel, um eine Krebserkrankung auszuschließen. Hinter einem Geschwür im Zwölffingerdarm ist praktisch nie eine bösartige Geschwulst zu vermuten. Wer bei einem Magengeschwür eine Magenspiegelung mit Biopsie durchführen läßt und bis zur Abheilung des Geschwürs in bestimmten regelmäßigen Abständen zur Kontrolluntersuchung geht, braucht praktisch nicht zu befürchten, daß sich hinter seinem Geschwür ein Magenkrebs verbirgt.

Für die Entstehung sowohl des Magen- als auch des Zwölffingerdarmgeschwürs spielen mehrere unterschiedliche Ursachen eine Rolle. Diese Ursachen können zum einen in bestimmten Veranlagungen des betroffenen Menschen begründet sein und zum anderen von äußeren Einflüssen hergeleitet werden.

Erbliche Veranlagung zu Geschwüren

Zweifellos trägt bei einem Teil der Patienten, die an einem Magen- oder Zwölffingerdarmgeschwür erkranken, eine erbliche Veranlagung ganz entscheidend zur Geschwürbildung bei. Diese Neigung zu Geschwüren kann unterschiedlich stark ausgeprägt sein und erst durch das Einwirken äußerer schädigender Faktoren über einen längeren Zeitraum als Krankheit in Erscheinung treten. Für Menschen mit der Blutgruppe 0 besteht z.B. ein erhöhtes Risiko, ein Zwölffingerdarmgeschwür zu entwickeln. Welcher Anteil dem »Ererbten« und welcher dem »Erworbenen« zukommt, läßt sich jedoch nicht sagen. Außerdem hat auch das Geschlecht eine Bedeutung: Wie schon erwähnt, erkranken Männer wesentlich häufiger an Geschwüren als Frauen.

»Risikofaktor« Blutgruppe 0

Den äußeren Faktoren, die die Neigung zu Geschwüren fördern, sind wir schon mehrere Male in diesem Buch begegnet – es handelt sich sozusagen um »alte Bekannte«. Dazu zählen vor allem das Rauchen und der Genuß von Alkohol in größeren Mengen, Schmerz- und Rheumamittel und, wie bei der Mehrheit der Magenkranken, Streß und Aufregung in Zeiten seelischer Belastung.

Ungünstig: Streß, Rauchen, Medikamente

Nicht zu vergessen ist hier auch das Bakterium Helicobacter pylori, das bei 60 bis 70 Prozent der Patienten mit einem Magengeschwür und sogar bei 90 Prozent der Patienten mit einem Zwölffingerdarmgeschwür in der Magenschleimhaut nachgewiesen werden kann. Eine medikamentöse Behandlung der Infektion vernichtet den Keim und verringert nach neueren Erkenntnissen die Zahl der Geschwürsrückfälle ganz erheblich. Welche Rolle das Bakterium bei der Bildung von Geschwüren spielt, ist derzeit noch nicht genau erforscht. Denn viele Menschen, in deren Magenschleimhaut sich der Helicobacter findet, bekommen überhaupt kein Geschwür. Hier müssen weitere Untersuchungen erst Klärung bringen.

Helicobacter fördert Rückfälle

Bevorzugte Stellen für Geschwüre

Magengeschwüre entstehen am häufigsten im Winkel zwischen dem Magenkörper (Korpus) und dem Magenausgangsteil (Antrum) an der »kleinen Kurve«, Zwölffingerdarmgeschwüre fast immer im zwiebelförmigen Anfangsteil (Bulbus) des Zwölffingerdarms, der direkt an den Magen anschließt (s. Abb. 14). Daß die Geschwüre gerade diese Bereiche »bevorzugen«, hängt mit ihren Entstehungsbedingungen zusammen. Wir wissen aus dem Kapitel »Was tut der Magen für die Verdauung?«, daß

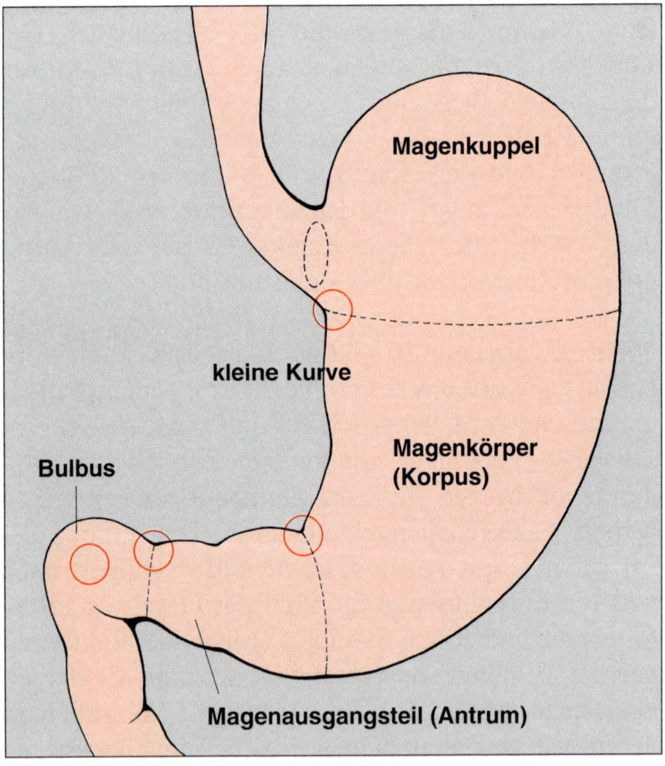

Abb. 14

In den mit farbigen Kreisen markierten Bereichen treten Magen- und Zwölffingerdarmgeschwüre am häufigsten auf.

sich im gesunden Magen aggressive, also angreifende, die Schleimhaut schädigende Substanzen und schleimhautschützende Stoffe in einem Gleichgewicht befinden – sonst würde sich, wie gesagt, der Magen »selbst verdauen«. Wenn dieses Gleichgewicht zugunsten der einen oder anderen Seite verschoben ist, wird die Schleimhaut angegriffen, und es können sich Geschwüre bilden. Für Magengeschwür und Zwölffingerdarmgeschwür gelten dabei unterschiedliche Voraussetzungen.

Das »Kräftegleichgewicht« im Magen

Ein Magengeschwür nimmt seinen Ausgang von einer Verminderung der schützenden Faktoren. Das sind der Magenschleim selbst, den die Schleimhaut produziert, und das in ihm enthaltene Bikarbonat, das die Magensäure neutralisiert. Auch die Durchblutung der Schleimhaut bzw. der Gefäße in der Magenwand trägt zur Erhaltung des Schleimhautschutzes bei und sorgt dafür, daß kleinere, oberflächliche Schleimhautschäden schnell wieder verheilen. Ist zu wenig Schleim und damit auch zu wenig Bikarbonat vorhanden, so funktioniert der Schutzmechanismus nicht mehr richtig und macht die Schleimhaut für Säure angreifbar. Ein Übermaß an Säure im Magen ist dafür gar nicht notwendig. Im Gegenteil: Bei Patienten mit einem Magengeschwür ist die Säureproduktion normal oder sogar eher vermindert, denn durch die entzündlichen Veränderungen der Schleimhaut verringert sich die Zahl der säurebildenden Belegzellen, ähnlich wie bei einer chronischen Gastritis, aus der sich ja auch Magengeschwüre entwickeln können. Im Winkel zwischen Magenkorpus und Antrum, wo sich die meisten Magengeschwüre finden, herrschen dafür »günstige«

Magengeschwür: zu wenig schützende Stoffe

Magensäure greift die Schleimhaut an

Bedingungen: Zum einen treten hier häufiger Durchblutungsstörungen der Magenschleimhaut auf, zum anderen wird die Schleimhaut an dieser Stelle vermehrt mechanisch beansprucht. Und zum dritten kommt es in diesem Bereich zu einem verstärkten »duodenogastralen Reflux«, d.h. daß Gallensäuren aus dem Zwölffingerdarm in den Ausgangsteil des Magens zurückfließen und die ohnehin ungenügend geschützte Schleimhaut zusätzlich schädigen. Auslöser sind Motilitätsstörungen, also unzureichende Muskelbewegungen von Magen und Zwölffingerdarm, die in der Medizin mittlerweile zunehmend als Ursache für die Entstehung von Magengeschwüren diskutiert werden. Man hat festgestellt, daß bei Menschen mit Magengeschwüren die Magenentleerung von festen Speisen verzögert ist und gleichzeitig vermehrt Gallensaft in den Magen zurückdringt. Beides läßt darauf schließen, daß die Koordination, das rhythmisch aufeinander abgestimmte Zusammenwirken des Muskelspiels von Magenausgangsteil und Zwölffingerdarm, nicht richtig funktioniert.

Rückfluß von Gallensaft in den Magen

Auslöser: Motilitätsstörungen

Zwölffingerdarmgeschwüre bilden sich eher unter »umgekehrten« Voraussetzungen: In der Regel haben Menschen mit einer Neigung zu diesen Geschwüren eine normale Magenschleimhaut mit ausreichendem Säureschutz, leiden aber unter einer gesteigerten Säureproduktion, die sich vor allem nachts, bei leerem Magen bzw. Zwölffingerdarm, unangenehm bemerkbar macht, denn dann wird die Säure nicht mehr durch den Nahrungsbrei gepuffert. Das Gleichgewicht zwischen schützenden und aggressiven Faktoren ist also – verglichen mit der Situation beim Magengeschwür – zur anderen Seite

Zwölffingerdarmgeschwür: zu viel Säure

① **Querschnitt durch die Magenwand. Das Geschwür ist kraterförmig in die tieferen Wandschichten hineingewachsen und hat sie zerstört.**

② **Magengeschwür im Winkel zwischen dem Magenkörper (Korpus) und dem Magenausgangsteil (Antrum) an der »kleinen Kurve«**

③ **Zwölffingerdarmgeschwür im Anfangsteil des Zwölffingerdarms (Bulbus)**

④ **Blutversorgung und Nervenversorgung der Magenwand**

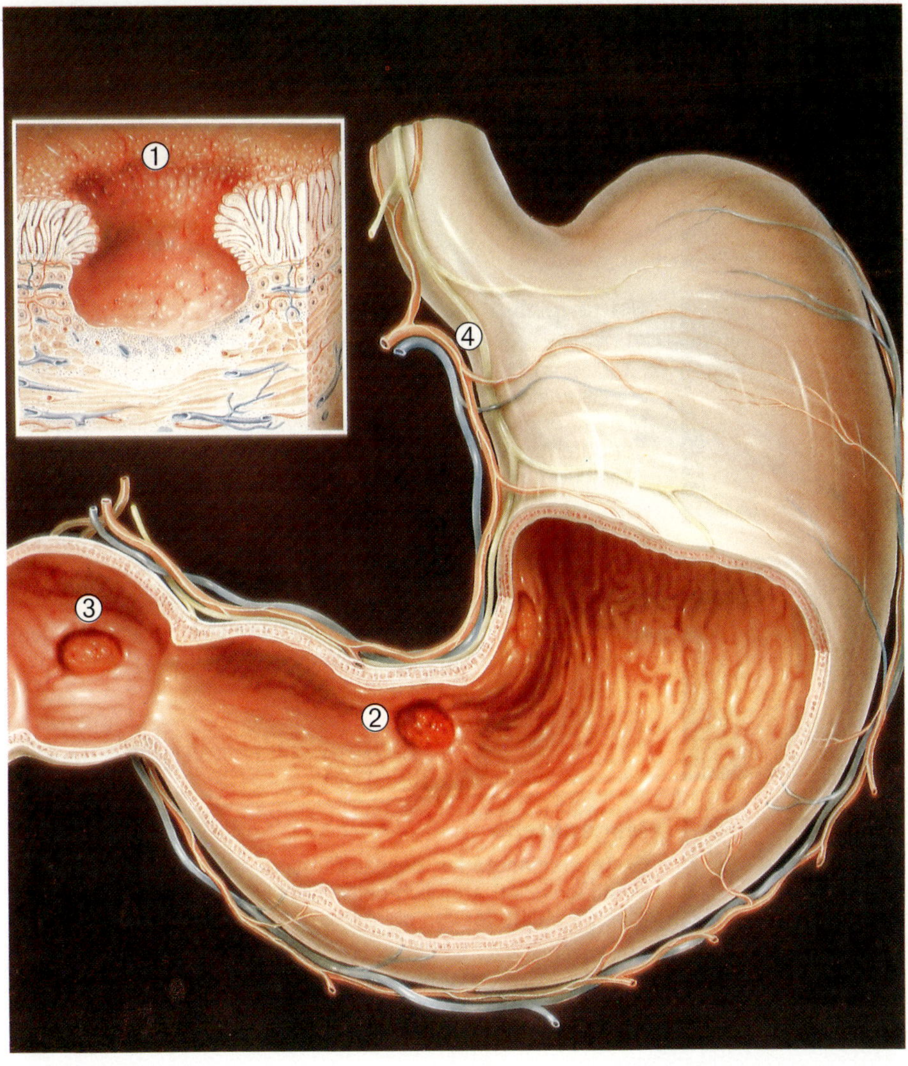

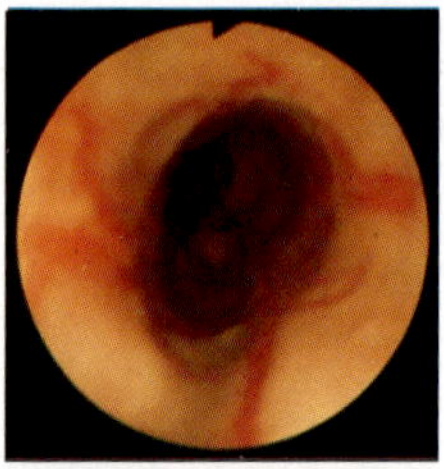

Reflux-Ösophagitis

Blick in das untere Drittel der Speiseröhre. Es sind rote, streifenförmige Veränderungen der Speiseröhrenschleimhaut zu sehen, die Zeichen einer ausgeprägten »Reflux-Ösophagitis« sind.

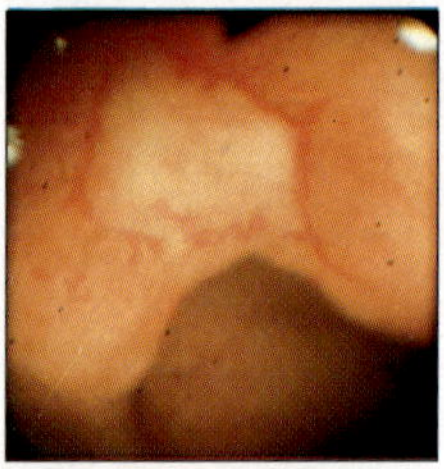

Magengeschwür

Weißlicher, etwa zehnpfennigstückgroßer Schleimhautdefekt im mittleren Magenanteil mit einem zarten roten Randsaum. Es handelt sich um ein Magengeschwür im nicht mehr ganz frischen Stadium.

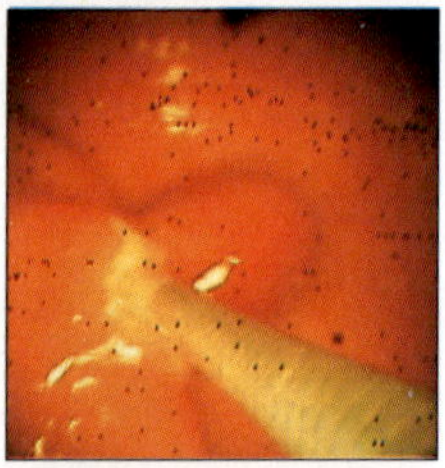

Magenpolyp

Ein fast bohnengroßer Magenpolyp (dunkelrote Vorwölbung) ist mit der Schlinge gefaßt (vom unteren rechten Bildrand bis zur Bildmitte reichend) und steht kurz vor der Abtragung. Man erkennt an der Basis des Polypen einen weißen Saum, der durch zwei Stromstöße über die Schlinge bedingt ist (Verschorfung des Gewebes, um eine Blutung zu verhindern).

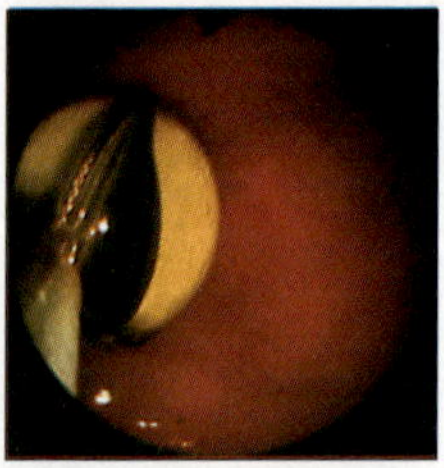

Fremdkörper im Magen

Der Patient hat eine Glasmurmel verschluckt, die sich nun deutlich sichtbar im Magen befindet. Die Murmel wird vor dem Entfernen mit einem Drahtkörper eingefangen.

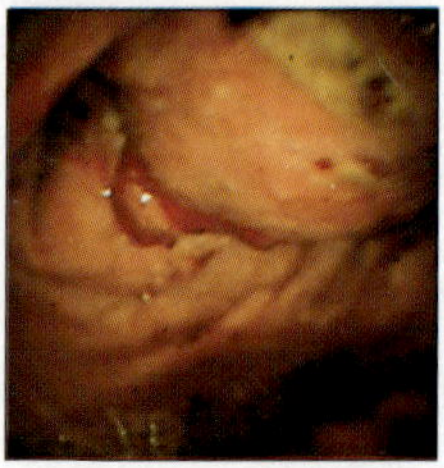

Magenkrebs

Gut kastaniengroßer, polypenförmiger Tumor mit einigen oberflächlichen, weißlich-gelben Schleimhautabschürfungen (oben rechts), der von oben in den Magen reicht.

hin verschoben. Dort wo sich Zwölffingerdarmgeschwüre bevorzugt entwickeln, also im Anfangsteil (Bulbus) des Duodenum, hat die Magensäure zum ersten Mal mit dem Dünndarm Kontakt, und zwar bevor die Sekrete aus Galle und Bauchspeicheldrüse ihre säureneutralisierende Wirkung entfalten können. Für die Steuerung der Salzsäureproduktion, von der wiederum die Menge des eiweißspaltenden, ebenfalls aggressiven Pepsins im Magen abhängt, ist der Vagusnerv mit verantwortlich (vgl. Kapitel »Was tut der Magen für die Verdauung?«). Seelische Belastungen, Streß, starke Gefühle – ob freudigen oder eher traurigen bzw. wütenden Ursprungs – haben deshalb über das vegetative Nervensystem Einfluß auf die Säuresekretion und damit auch auf die Entstehung von Geschwüren.

Säure gelangt »ungepuffert« in den Darm

Psyche beeinflußt Säurebildung

Wie beim Magengeschwür können auch beim Zwölffingerdarmgeschwür Motilitätsstörungen eine wichtige Rolle spielen. Durch eine beschleunigte Magenentleerung gelangt außerdem zu rasch zu viel Magensäure in den Anfangsteil des Zwölffingerdarms. Gegen ein solches Übermaß schleimhautfeindlicher Bedingungen und Substanzen kann sich der Schutzmechanismus der Magen- und Zwölffingerdarmschleimhaut nicht auf Dauer wehren, und es entwickelt sich ein Geschwür.

Zu schnelle Magenentleerung: zu rasch zu viel Säure im Darm

Komplikationen bei Geschwüren

Bleibt ein Magen- oder Zwölffingerdarmgeschwür über längere Zeit unentdeckt – viele Geschwüre machen sich ja nicht durch Beschwerden bemerkbar – oder kommt es zu immer neuen Geschwürsrückfällen, so können Komplikationen auftreten. Welche das sind, zu welchen Schwierigkeiten sie führen und welche Behandlungsmöglichkeiten es gibt, wollen wir im folgenden kurz besprechen.

Jedes Geschwür kann Blutung auslösen

Bei jedem Magen- und Zwölffingerdarmgeschwür besteht grundsätzlich ein Blutungsrisiko im Magen bzw. im Darm, das sich mit der Zahl der Geschwürsrückfälle und der bereits durchgemachten Blutungen erhöht. Eine solche Blutung setzt ein, wenn das Geschwür, das durch die Schleimhaut in die Magenwand hineinwächst, Blutgefäße zerstört. Kleinere Blutungen, die mit einem allmählichen, sehr langsamen Blutverlust einhergehen, werden oft nicht gleich entdeckt. Auffällig werden sie erst durch Bluntuntersuchungen (s. dazu das Kapitel »Labormedizin«) oder durch Anzeichen von Eisenmangel und Blutarmut, wie allgemeine Müdigkeit, Schwäche und Schwindelgefühle.

Kleinere Blutung wird oft erst spät bemerkt

Größere Blutungen führen zu Bluterbrechen oder zu Blut im Stuhl. Bei ganz akuten, starken Blutungen behält das erbrochene oder ausgeschiedene Blut seine rote Farbe. Blut, das mit Verdauungssäften in Magen und Darm in Berührung gekommen ist, hat eine dunkelbraune bis schwarze Verfärbung angenommen (»Kaffesatz-Erbrechen« und Teerstuhl). Heftige Blutungen sind lebensgefährlich und können zu einem Schock führen. Aber auch kleinere Blutungen müssen in jedem Fall zum Stillstand gebracht werden.

Größere Blutung: Bluterbrechen, Blut im Stuhl

Wenn Sie die geschilderten Symptome bei sich selbst feststellen, sollten Sie unbedingt sofort zum

Arzt gehen. Bei Verdacht auf eine Magenblutung wird er eine Einweisung ins Krankenhaus veranlassen. Je nach Stärke der Blutung und nach dem allgemeinen Gesundheitszustand des Patienten fällt dort die Entscheidung über den notwendigen Eingriff.

Bei Blutungsverdacht sofort in die Klinik

Die beste und schnellste Möglichkeit, eine kleinere Blutung zu stillen, bietet die Magenspiegelung. Mit ihrer Hilfe kann der Arzt gleichzeitig das Geschwür auffinden, eine Gewebeprobe zum Ausschluß einer bösartigen Erkrankung entnehmen und etwas gegen die Blutung tun. Er kann dabei zwischen zwei Verfahren wählen: Zum einen läßt sich über das Endoskop ein dünner Schlauch mit einer Injektionsnadel an der Spitze an die blutenden Gefäße heranbringen. Der Schlauch transportiert ein Blutgerinnungsmittel zur »Unfallstelle«, das über die Nadel direkt neben der Blutung in die Magenwand injiziert wird. Der Arzt nennt das »ein Geschwür unterspritzen«. Beim anderen Verfahren wird durch das Endoskop ein Laserstrahl geschickt, der die blutenden Gefäße mit hohen Temperaturen verschmort und dadurch verschließt. Gelingt es nicht, die Blutung auf diese Weise zu stillen, oder bricht sie wieder auf, so hilft nur noch die Operation. Geht es um einen Notfall, also um möglichst schnelles Stillen starker Blutungen, wird bei geöffnetem Bauch das Geschwür übernäht, und die blutenden Gefäße werden unterbunden. Wenn es der Gesundheitszustand des Patienten erlaubt, kann der Arzt aber auch gleich das Geschwür samt dem betroffenen Magenanteil entfernen. Mehr über die verschiedenen Operationsverfahren und ihre Folgen für den Operierten erfahren Sie im Kapitel »Die Magenoperation«.

Blutstillung durch das Endoskop

Letzte Möglichkeit: Operation

Durchbruch bedeutet Lebensgefahr

Ein Magen- oder Darmdurchbruch (Perforation) kann Lebensgefahr bedeuten, denn durch die beschädigte Organwand gelangt Magen- bzw. Darminhalt in die Bauchhöhle. Der mit den Verdauungssäften und Bakterien vermischte Nahrungsbrei greift das Bauchfell an und führt zu einer starken Entzündung. Die Folge sind plötzlich einsetzende, heftige Bauchschmerzen, die, wie auch bei einer durch Geschwürbefall entzündeten Bauchspeicheldrüse, in den Rücken ausstrahlen. Hier muß ebenfalls sofort operiert werden, zumal nach einigen Stunden der Schockzustand droht. Der durchgebrochene Magen- oder Darminhalt wird aus der Bauchhöhle abgesaugt, das vom Geschwür erzeugte Loch in der Magen- bzw. Darmwand zugenäht. Eine spätere Teilentfernung des Magens dient dazu, künftigen Geschwürrezidiven vorzubeugen. Mittlerweile sind jedoch so wirkungsvolle Medikamente gegen Rückfälle der Erkrankung entwickelt, daß auch eine konservative, organerhaltende Behandlung ausreicht und Operationen immer seltener nötig werden. Welche Medikamente helfen und wie sie wirken, erklärt ein besonderes Kapitel.

Operation so schnell wie möglich

Aus einem anderen Grund ist es zudem wichtig und sinnvoll, die wiederholte Bildung von Geschwüren so weit wie möglich zu verhindern. Ein abgeheiltes Geschwür verschwindet nicht spurlos – es hinterläßt eine Narbe in der Magen- bzw. Darmwand. Das Narbengewebe zieht sich zusammen wie bei einer äußeren Verletzung auch. Wenn nun mehrere Geschwüre nacheinander am Magenausgang auftreten, können die Narben den Durchlaß zum Zwölffingerdarm so verengen, daß der Mageninhalt nicht mehr richtig

Geschwüre hinterlassen Narben

passieren kann und sich der Speisebrei im Magen zu stauen beginnt. Menschen mit einer Magenausgangsverengung (Stenose) leiden unter Völlegefühl, Appetitlosigkeit und Erbrechen und verlieren sichtlich an Gewicht. Damit sie wieder ohne größere Schwierigkeiten essen und verdauen können, ist eine Operation notwendig. Auch hier muß oft ein Teil des Magens entfernt werden.

Mögliche Folge: Verengung des Magenausgangs

Die Behandlung von Geschwüren

Um ein Geschwür zum Abheilen zu bringen und Rückfällen – die zum Teil mit den gerade beschriebenen Komplikationen einhergehen können – entgegenzuwirken, muß die medizinische Behandlung darauf abzielen, zwischen schleimhautschädigenden und schleimhautschützenden Substanzen in Magen und Darm wieder ein ungefähres Gleichgewicht herzustellen. Das Eindämmen der aggressiven Faktoren und die Verstärkung des Schleimhautschutzes übernehmen dabei verschiedene Medikamente, die die Betroffenen über einen bestimmten Zeitraum regelmäßig schlucken müssen. Damit diese Medikamente gut wirken können und damit auch nach ihrem Absetzen das Risiko eines Rückfalls gering gehalten werden kann, sollten Geschwürkranke einige allgemeine Verhaltensregeln beachten – auch wenn sie dafür manche geliebten Gewohnheiten oder Genüsse aufgeben müssen.

Magen muß wieder »ins Gleichgewicht«

Eine besondere Diät für Menschen mit Magen- oder Zwölffingerdarmgeschwüren gibt es nicht. Grundsätzlich empfiehlt es sich, wie wir schon bei der Behandlung des Reizmagens gesehen haben, auf alle

Es gibt keine spezielle Diät

Speisen und Getränke zu verzichten, die erfahrungsgemäß schlecht vertragen werden. Dazu gehören z.B. Kaffee, Alkohol, frisches Brot, scharf gewürzte oder sehr fettreiche Mahlzeiten, Zitrusfrüchte und Fruchtsäfte. Ob dies im Einzelfall auf ihn zutrifft, muß aber jeder selbst entscheiden. Unumstritten ist allerdings die Tatsache, daß Nikotin das Abheilen eines Geschwürs verzögert. Ulkuskranken wird der Arzt deshalb dringend raten, nicht mehr zu rauchen. Um Schmerz- und Rheumamittel, die die Magenschleimhaut angreifen, sollten diese Menschen ebenfalls einen großen Bogen machen. Wo dies nicht möglich ist, weil z.B. eine rheumatische Erkrankung besteht, kommt eine begleitende Langzeitbehandlung mit Medikamenten in Frage, die der Schleimhautschädigung vorbeugen. Schließlich sind Streß und nervliche Anspannung oft mit an der Entstehung von Geschwüren beteiligt. Wer unter einem Geschwür leidet oder auch schon mehrere Rückfälle erlebt hat, sollte nach Möglichkeit versuchen, belastenden Situationen aus dem Weg zu gehen, öfter mal »abzuschalten« und sich Ruhepausen zu gönnen. Das Kapitel »Vorbeugung und Selbsthilfe« stellt noch einmal ausführlich dar, welche Rolle Ernährung, Genußmittel wie Alkohol, Kaffee und Nikotin, bestimmte Medikamente und der Faktor Streß für die gesunde Lebensführung spielen und worauf gerade Magenkranke ihr besonderes Augenmerk richten sollten.

Rauchen verzögert die Abheilung

Zusätzliche Medikamente für Rheumakranke

Bei Streß öfter mal »abschalten«

In der medikamentösen Behandlung von Geschwüren werden heute fast ausschließlich Arzneimittel eingesetzt, die die Säurebildung hemmen. Substanzen, die lediglich die im Magen bereits vorhandene Säure binden und damit neutralisieren (Antazida), machen rasch schmerzfrei. Dosierung und Einnahme müssen jedoch nach einem sehr umständlichen und aufwendigen Schema erfolgen. Deshalb und wegen bestimmter Nebenwirkungen sind Antazida für eine längere Behandlung weniger gut geeignet als säurehemmende Mittel.

Antazida nicht für die Langzeitbehandlung

Unter diesen Säurehemmern sind auch Medikamente, die so stark wirken, daß die Säuresekretion im Magen völlig unterdrückt wird: die sogenannten Protonenpumpenblocker. Da diese Mittel erst seit einigen Jahren zur Verfügung stehen, gibt es noch nicht genügend Erfahrungen über ihre Verwendung in der Langzeittherapie von Geschwüren. So weiß man z.B. nicht, welche Auswirkungen die fast gänzliche Blockierung der Säureproduktion auf Dauer haben kann und ob sie überhaupt sinnvoll ist. Deshalb hat das Bundesgesundheitsamt die Protonenpumpenblocker nur für die Akuttherapie, d.h. für höchstens acht Wochen, zugelassen. Die überwiegende Zahl der Magen- und Zwölffingerdarmgeschwüre heilt nach spätestens acht bis zwölf Wochen Behandlung mit den säurehemmenden Präparaten ab. Dabei verschwinden die Schmerzen schon nach einigen Tagen. Auf keinen Fall dürfen die Patienten dann eigenmächtig mit der regelmäßigen Einnahme der Medikamente nach Vorschrift des Arztes aufhören – sie laufen sonst Gefahr, daß das Geschwür nicht vollständig abheilt!

Neu: besonders starke Säurehemmer

Abheilung des Geschwürs nach 8–12 Wochen

Die meisten Menschen mit Magen- oder Zwölffingerdarmgeschwüren tragen auch das Bakterium Helicobacter pylori in der Magenschleimhaut. Sein

Vorhandensein wird mittlerweile als eine der entscheidenden Voraussetzungen für das Entstehen eines Geschwürs angesehen. Durch eine Behandlung, die Wismutsalze und antimikrobielle Mittel wie z.B. Antibiotika oder auch die Protonenpumpenblocker miteinander kombiniert, kann der Keim ausgerottet werden. Eine erfolgreiche Beseitigung des Helicobacter garantiert Patienten mit Zwölffingerdarmgeschwür eine jahrelange, wenn nicht sogar lebenslange Freiheit von Rückfällen.

Kein Helicobacter, kein Rückfall

Damit Arzt und Patient sichergehen können, daß das Magengeschwür tatsächlich abheilt, wird der Heilungsprozeß nach vier bis sechs Wochen endoskopisch kontrolliert.

Langzeittherapie beugt Rückfällen vor

Um nach einmal aufgetretenen Geschwüren einen neuerlichen Geschwürsschub zu verhindern, kann es ratsam sein, nach der Abheilung die Einnahme von Medikamenten, die die Säurebildung hemmen (H_2-Blocker), noch über mindestens zwei bis drei Jahre fortzusetzen. Im allgemeinen genügt dafür die Hälfte der Dosis, die zur akuten Geschwürbehandlung notwendig war. In über 80 Prozent der Fälle läßt sich damit ein Rückfall vermeiden. Da aber bei fast einem Drittel der Ulkuskranken das Geschwür ein einmaliges Ereignis bleibt und es höchstens über einen sehr langen Zeitraum zu einem zweiten Geschwür kommt, wendet man die Langzeittherapie nur bei speziellen Risikogruppen an. Zu diesem Personenkreis gehören:

Oft bleibt es bei einem Geschwür

- Menschen, die durch das Auftreten eines erneuten Geschwürs besonders gefährdet sind, da sie z.B. ohnehin zu Blutungen neigen oder wegen anderer Krankheiten mit gerinnungshemmenden Medikamenten behandelt werden; oder weil sie bereits beim ersten Geschwür eine schwere Blutung hatten oder gleichzeitig an schweren Begleitkrankheiten leiden;

Behandlung nur für Risikopatienten

- Patienten mit einem Geschwürsrückfall, der sich schon sehr bald nach der Abheilung des ersten Geschwürs ereignet hat;
- Menschen, die bereits mehrere Rezidive hinter sich haben und sehr unter der Krankheit leiden;
- Patienten, bei denen Komplikationen wie Blutungen oder Durchbrüche in den Bauchraum vorgekommen sind;
- Menschen mit einer Nierenerkrankung;
- starke Raucher.

Auch für den Erfolg einer Langzeitbehandlung ist es unbedingt erforderlich, daß die verschriebenen Medikamente regelmäßig und genau nach den Angaben des Arztes eingenommen werden. Gerade wegen der guten Wirksamkeit dieser Mittel ist die Zahl der Magenoperationen weltweit erheblich gesunken.

Medikamente regelmäßig einnehmen!

Wenn Sie mehr über die erwähnten Medikamente und ihre Eigenschaften wissen wollen, können Sie im Kapitel »Die Medikamente und wie sie wirken« nachlesen.

Geschwülste (Tumoren) im Magen

Da sich im Zwölffingerdarm äußerst selten eine bösartige Geschwulst bildet, wollen wir uns in diesem Kapitel auf die Geschwulsterkrankungen des Magens konzentrieren. Dabei gilt es zu unterscheiden zwischen gutartigen und bösartigen Geschwülsten.

Gutartige Tumoren: meist gut heilbar

Gutartige Geschwülste wachsen in der Regel langsam und breiten sich nicht über den Ort ihrer Entstehung hinaus aus. Sie verdrängen das umliegende Gewebe nur, ohne es zu zerstören. Durch eine Operation lassen sie sich meist vollständig entfernen.

Bösartige Geschwülste – »Magenkrebs« ist eine Sammelbezeichnung für die verschiedenen Arten, die es gibt – wachsen dagegen eher schnell in das benachbarte Gewebe hinein und zerstören es. Sie grenzen sich nicht wie gutartige Tumoren von ihrer Umgebung ab. Von der Magenwand aus können sie auf andere Organe übergreifen. Krebszellen, die von der Geschwulst aus in die Blut- und Lymphbahnen gelangen, dringen auf diesem Weg in weiter entfernte Bereiche des Körpers vor und setzen mit der Bildung von Tochtergeschwülsten (Metastasen) das Werk der Zerstörung fort.

Bösartige Tumoren bilden Metastasen

Heilbar bei frühzeitiger Entdeckung

Bösartige Tumoren sind nur dann gut heilbar, wenn sie sehr frühzeitig gefunden und herausoperiert werden können, bevor sich die Geschwulst zu weit ausgedehnt oder sogar schon Metastasen im Körper verstreut hat.

Gutartige Tumoren: Magenpolypen

Polypen gehören zu den häufigsten gutartigen Geschwülsten im Magen. Sie entstehen meist durch Wucherungen der Schleimhaut und wölben sich kugelförmig, manchmal auch auf einem Stiel sitzend, in den Magenraum hinein. Wenn sie an einer ohnehin engen Stelle wachsen, also z.B. am Magenausgang, können sie den Transport des Nahrungsbreis behindern und zu Magenentleerungsstörungen führen. Außerdem können sie Magenblutungen verursachen. Die Mehrzahl der Polypen macht jedoch keinerlei Beschwerden oder Komplikationen. Oft werden sie nur zufällig bei einer Magenspiegelung oder Röntgenuntersuchung gefunden.

Polyp macht nur selten Beschwerden

Ob ein Polyp wirklich gutartig ist, läßt sich mit dem Endoskop nicht völlig eindeutig feststellen. Auch wenn der betroffene Patient problemlos mit dem Polypen im Magen leben könnte, ist es deshalb sicherer, die Geschwulst zu entfernen, um mittels einer Gewebeuntersuchung einen Magenkrebs eindeutig ausschließen zu können.

Gutartigkeit nur durch Biopsie nachweisbar

Das Abtragen des Polypen geschieht über das Endoskop (s. Abb. 15 und Farbtafel 4). Durch den Instrumentenkanal wird eine Drahtschlinge an Ort und Stelle vorgeschoben und über den Polypen gelegt. Diese Schlinge zieht der Arzt langsam zu und schneidet damit den Polypen ab. Der elektrische Strom, der durch die Schlinge fließt, sorgt gleichzeitig dafür, daß die Wunde verschmort und die Blutung gestillt wird. Da die Magenwand schmerzunempfindlich ist, kann der Eingriff ohne Narkose

Entfernung durch das Endoskop

erfolgen. Polypen mit weniger als zwei Zentimetern Durchmesser lassen sich so entfernen. Bei größeren Polypen oder anderen gutartigen Geschwülsten muß allerdings am offenen Bauch operiert werden.

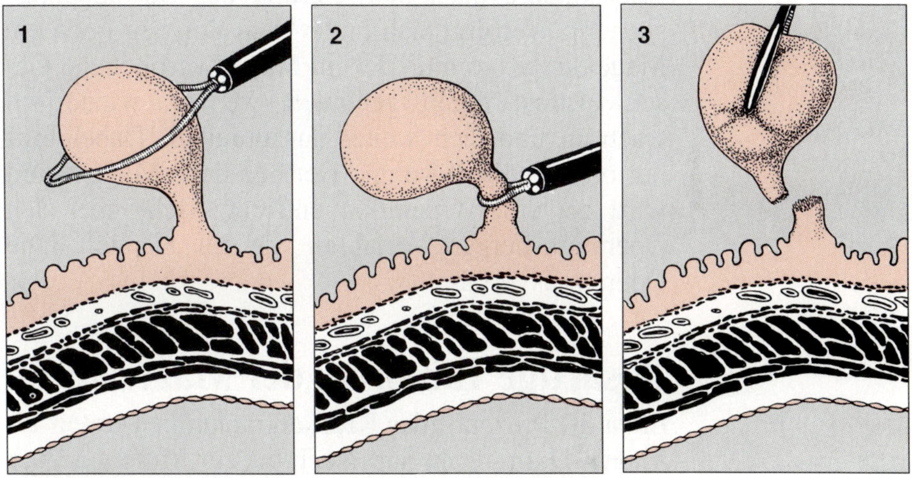

Die Entfernung eines Polypen durch das Endoskop. Eine Drahtschlinge wird über den Polypen gelegt (1), zugezogen (2) und der Polyp damit abgeschnitten (3). Der elektrische Strom in der Schlinge stillt gleichzeitig die Blutung und verschließt die Wunde.

Abb. 15

Blutungsrisiko nach dem Eingriff

Ein Risiko bei der endoskopischen Abtragung von Polypen sind Blutungen. Sie können auftreten, wenn Gefäße durch den elektrischen Strom in der Drahtschlinge nicht ausreichend verschmort und damit verschlossen wurden. Wird der Eingriff im Krankenhaus stationär vorgenommen, so wird der Patient auf Anzeichen einer Blutung hin überwacht; wer also nach der Endoskopie nach Hause geht, muß sich selbst in den ersten Tagen genau beobachten, damit er einsetzende Blutungen frühzeitig bemerkt (zu den Symptomen mehr im Kapitel »Komplikationen bei

Geschwüren«). Schwere Blutungen oder gar Durchbrüche sind in diesen Fällen allerdings selten. Ob Kontrolluntersuchungen erforderlich sind, entscheidet der Arzt nach dem Ergebnis der Endoskopie und insbesondere nach dem Befund der Gewebeuntersuchung. Verbirgt sich hinter dem Polypen doch ein Magenkrebs, so muß der im Magen verbliebene Geschwulstrest daran gehindert werden, wieder zu wachsen und sich weiter auszubreiten. Dabei hilft nur die »Radikallösung«: Der befallene Magenanteil wird bei einer Operation entfernt. Mehr über den Operationshergang erfahren Sie im Kapitel »Die Operationsverfahren«.

Wenn doch ein Magenkrebs dahintersteckt

Bösartige Tumoren: der Magenkrebs

Etwa 30 Prozent aller Krebserkrankungen treten im Magen-Darm-Trakt auf. Noch bis zur Mitte der 70er Jahre war der Magenkrebs unter diesen Tumoren der häufigste; inzwischen ist die Zahl der Magenkrebsfälle in Europa zurückgegangen und der Magenkrebs in seinem Vorkommen vom Dickdarmkrebs überflügelt worden.

Zahl der Magenkrebsfälle ist rückläufig

Bis heute hat die Medizin nicht genau klären können, warum ein Magenkrebs entsteht und welche Voraussetzungen dazu vorliegen müssen. Es gibt jedoch eine Reihe von Faktoren, von denen man zumindest weiß, daß sie die Bildung eines bösartigen Tumors fördern können, also das Krebsrisiko erhöhen. Wie beim Magengeschwür spielen auch hier sowohl beim einzelnen Menschen gegebene »innere« Faktoren als auch äußere Einflüsse eine Rolle. Grundsätzlich ist Magenkrebs nicht vererblich. Man

Faktoren, die Krebsentstehung begünstigen

hat allerdings eine gewisse Häufung bei Blutsverwandten festgestellt, die auf eine Veranlagung hindeutet. Damit ein Magenkrebs entsteht, müssen aber bei diesen Menschen noch andere Auslöser hinzukommen. Wer von einem Magenkrebsfall in der nahen (Bluts-)Verwandtschaft weiß, sollte deshalb schon ab dem 40. Lebensjahr eine Magenspiegelung einschließlich Biopsie durchführen lassen. Denn das Risiko, an Magenkrebs zu erkranken, steigt in der Regel mit dem Alter. Auch hier sind Männer häufiger betroffen als Frauen – etwa doppelt so oft.

Ist Magenkrebs erblich?

Weltweit bestehen große Unterschiede im Vorkommen von Magenkrebs. In China und Japan z.B. erkranken wesentlich mehr Menschen daran als in Europa oder in den USA, wo die Magenkrebsfälle, wie erwähnt, zurückgehen. Daraus hat man geschlossen, daß Umweltbedingungen, Lebensgewohnheiten und Ernährungsweise an der Entstehung der Krankheit mit beteiligt sind. Als eindeutig krebserregend gelten Giftstoffe, die mit bestimmten Nahrungsmitteln in den Magen gelangen. Dazu zählen die sogenannten Nitrosamine in geräucherten und gepökelten Fleisch- und Wurstwaren und Aflatoxine, die in Schimmelpilzen auf verdorbenen Lebensmitteln enthalten sind. Wenn beim Grillen von frischem Fleisch Fett oder Öl in die glühende Holzkohle tropft, können sich im aufsteigenden Rauch aromatische Kohlenwasserstoffe bilden und am Grillgut ablagern. Um einer Krebserkrankung soweit irgend möglich vorzubeugen, sollten vor allem Risikopatienten (s. nächste Seite) bewußt auf Räucher- und Salzfleisch verzichten und beim Grillen wie beim Braten in der Pfanne darauf achten, daß das Fett nicht zu heiß wird und

Der Einfluß von Umwelt und Ernährung

Giftstoffe in Nahrungsmitteln

verbrennt (raucht). Angeschimmelte Lebensmittel gehören – mit Ausnahme von Weiß- oder Rotschimmel auf verschiedenen Käsesorten – nicht mehr auf den Tisch, sondern sollten konsequent vernichtet werden. Folgende Voraussetzungen können außerdem zur Entwicklung eines bösartigen Tumors im Magen beitragen, also das Krebsrisiko erhöhen:

Hier besteht erhöhtes Krebsrisiko

- eine chronische Gastritis, in deren Fortgang sich die Magenschleimhaut bereits zurückgebildet hat; im Zusammenhang damit wird auch der Befall der Schleimhaut mit Helicobacter pylori als begünstigender Faktor diskutiert;
- eine Blutarmut durch Vitamin-B_{12}-Mangel;
- Magengeschwüre mit immer wiederkehrenden Rückfällen;
- eine Magenoperation, bei der ein Teil des Magens entfernt wurde.

Kontrolle durch Endoskopie

Für Menschen, auf die diese Voraussetzungen zutreffen, ist es deshalb wichtig, in Abstimmung mit ihrem Arzt regelmäßig endoskopische Kontrolluntersuchungen durchführen zu lassen.

Was Alkohol und Nikotin bewirken

Rauchen und erhöhter Alkoholkonsum haben keinen nachgewiesenen Einfluß auf die Entstehung von Magenkrebs. Sicher ist aber, daß Alkohol in größeren Mengen die Magenschleimhaut angreift und daß Nikotin nicht nur die Abheilung von Geschwüren verzögert, sondern auch Geschwürsrückfälle fördert. Wer einen kranken Magen hat oder zur Geschwürbildung neigt, tut in jedem Fall gut daran, zusätzliche Belastungen zu vermeiden. Das heißt: Rauchen aufgeben und wenig oder gar keinen Alkohol trinken!

Wie die gutartigen Magenpolypen beginnt auch der Magenkrebs von der Schleimhautoberfläche aus zu wachsen. Dabei kann die Geschwulst verschiedene Formen annehmen. Es gibt Tumoren, die in den Hohlraum des Magens hineinragen und wie ein kleiner Blumenkohl aussehen, solche, die schüsselförmig in die Magenwand eindringen und von einem wallartigen Rand umgeben sind, und solche, die sich flächenhaft auf der Schleimhaut ausbreiten oder auch gleichzeitig die tieferen Wandschichten mit befallen und zerstören (vgl. Farbtafel 4 und Abb. 16 auf der nächsten Seite). Ein fortgeschrittener Magenkrebs kann Blutungen oder einen Magendurchbruch verursachen. Er kann die natürlichen Engstellen des Magens am Ein- und Ausgang mit der Zeit zuwuchern und zu Entleerungsstörungen führen. Über die Magenwand hinaus kann er in benachbarte Organe einwachsen, die Lymphknoten der Umgebung befallen und schließlich über das Blut Tochtergeschwülste in Leber, Knochen und Lunge entwickeln.

Verschiedene Formen von Magenkrebs

Fortgeschrittener Magenkrebs

Je nach Art, Wachstum und eventuellen Komplikationen äußern sich auch die Beschwerden, die von einer bösartigen Geschwulst herrühren, sehr unterschiedlich; ein einheitliches, charakteristisches Beschwerdebild existiert nicht. Die Symptome reichen von frühzeitigem Sättigungs- und Völlegefühl, Übelkeit und Erbrechen bis zu starken Schmerzen, Appetitlosigkeit und merklichem Gewichtsverlust. Als relativ typisches Anzeichen für Magenkrebs wird ein ausgeprägter Ekel gegen Fleisch genannt. Im Anfangsstadium können Beschwerden aber auch ganz ausbleiben. Allein von daher lassen sich ein nervöser Magen, ein Magengeschwür oder Magenkrebs für

Typisches Symptom: Ekel vor Fleisch

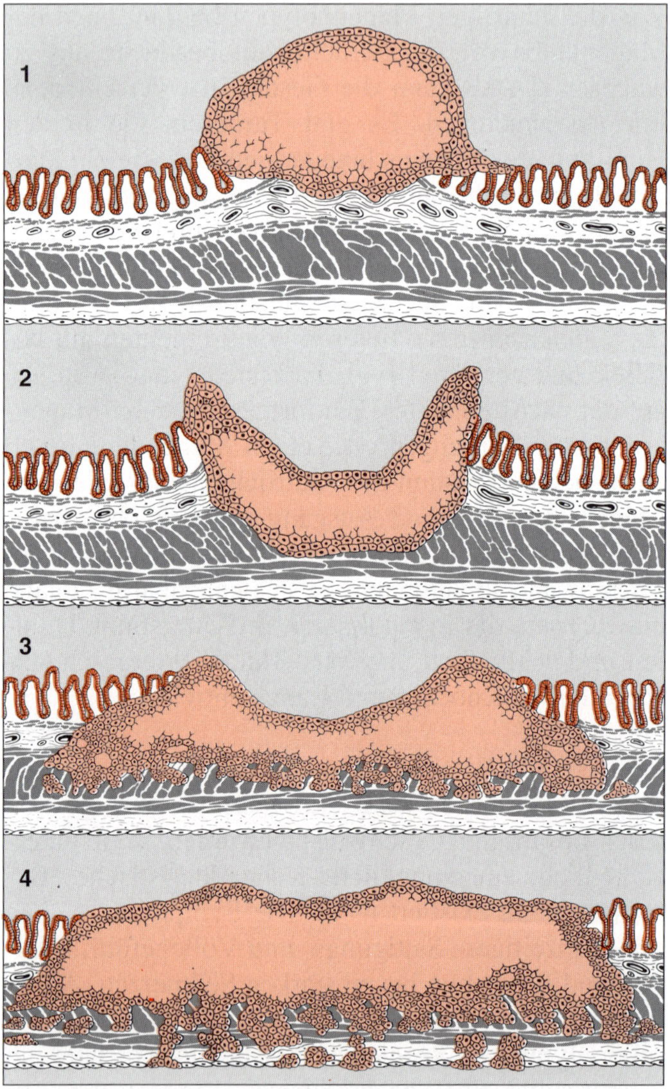

Abb. 16

Verschiedene Formen bei fortgeschrittenem Magenkrebs: vorgewölbter Tumor (1), schüsselförmiger Tumor mit Randwall (2), schüsselförmige (3) und flächenhafte (4) Tumoren, die gleichzeitig die tieferen Magenwandschichten zerstören

den Arzt manchmal nur schwer voneinander abgrenzen. Wird eine bösartige Geschwulst aber frühzeitig entdeckt, d.h. solange sich ihr Wachstum noch auf den unmittelbaren Entstehungsort beschränkt, so ist die Chance der Heilung durch eine Operation zehnmal größer als in einem späteren, fortgeschrittenen Stadium.

Lebenswichtig: Entdeckung vor dem Ausbreiten

Das Verfahren der Magenspiegelung mit gleichzeitiger Probeentnahme aus verdächtigen Bezirken der Mageninnenwand ermöglicht dem Arzt die rechtzeitige Diagnose, die für ein rasches, erfolgreiches Eingreifen notwendig ist. Es kommt nur darauf an, daß die betroffenen Menschen dieses Angebot so früh wie möglich nutzen. Deshalb: Wenn Sie Magenbeschwerden haben und diese Beschwerden über mehr als 14 Tage anhalten, ohne daß sich dafür eine Erklärung findet, sollten Sie zum Arzt gehen. Sind die Beschwerden auch nach spätestens vier Wochen noch nicht abgeklungen, so kann nur die endoskopische Untersuchung die entscheidende und sichere Erkenntnis darüber bringen, ob es sich um eine gutartige oder eine bösartige Magenerkrankung handelt. Warten Sie also nicht monatelang auf Besserung, bevor Sie sich zum Arztbesuch entschließen, und nehmen Sie Ihre Beschwerden ernst!

Deshalb: Arztbesuch nicht aufschieben!

Die Behandlung des Magenkrebses hängt davon ab, in welchem Stadium er sich bereits befindet und ob der Gesundheitszustand des Kranken eine Operation erlaubt. Sitzt eine örtlich begrenzte Geschwulst in der Nähe des Magenausgangs, so genügt eine Teilentfernung des Magens, wobei der Chirurg um der größeren Sicherheit willen auch gesund erscheinen-

Behandlung durch Operation

des Gewebe in einem bestimmten Umkreis des Tumors mit herauschneidet. Bei Magenkrebs in der Magenkuppel oder am Mageneingang muß dagegen der gesamte Magen einschließlich der umliegenden Lymphknoten entfernt werden.

»Radikallösung«: Entfernung des Magens

Im Kapitel »Die Magenoperation« sind diese Operationen und ihre Folgen ausführlicher beschrieben. Eine teilweise oder vollständige Entfernung des Magens im Frühstadium des Krebses bedeutet für den Patienten Heilung und nach einer gewissen Gewöhnungszeit auch wieder ein normales Leben.

Wenn Heilung nicht mehr möglich ist

Hat sich der Tumor schon so weit ausgebreitet, daß eine Entfernung des Magens nicht mehr sinnvoll ist, so besteht zumindest die Möglichkeit schmerzlindernder Maßnahmen. Beispielsweise kann der Arzt einen Tumor beseitigen, der Mageneingang oder Magenausgang blockiert, und damit dem Erkrankten wieder ein normales Essen ermöglichen. Eine Operation, die die Krebsgeschwulst samt dem befallenen Magenanteil entfernt, hilft Komplikationen wie Blutungen und Magendurchbruch zu verhindern. Der Magenkrebs wird damit natürlich nicht geheilt, aber das Leben des Krebskranken verlängert und erleichtert. Bestrahlung und Chemotherapie – also die Einnahme von Medikamenten, die die Vermehrung der Krebszellen verhindern bzw. verzögern sollen – sind in der Behandlung von Magenkrebs nur geringfügig wirksam und werden deshalb auch selten eingesetzt.

Beste Therapie: Früherkennung!

Die beste Therapie bei Magenkrebs ist und bleibt also die Früherkennung – 90 Prozent der Krebskranken können dadurch geheilt werden.

Ärztliche Behandlung von Magenbeschwerden

Zur Behandlung von Magenerkrankungen steht eine ganze Reihe von Medikamenten zur Verfügung, die wir zum großen Teil bereits kennengelernt haben. Welche Mittel es gibt, wie sie wirken und wann sie eingesetzt werden, wollen wir in diesem Kapitel noch einmal im Überblick besprechen. In bestimmten Fällen – vor allem wenn bei Geschwüren Komplikationen drohen oder schon eingetreten sind – werden Arzt und Patient allerdings nicht um eine Operation herumkommen. Deshalb soll in diesem Teil des Ratgebers auch von den verschiedenen Operationsverfahren und ihren Folgen für das Leben »danach« ausführlich die Rede sein.

2 Möglichkeiten: Medikamente oder Operation

Die Medikamente und wie sie wirken

Gerade auf dem Gebiet der medikamentösen Behandlung von Magenbeschwerden bzw. Magenkrankheiten sind in den letzten 20 Jahren kaum erwartete Fortschritte gelungen. Sie haben zu einer steten Abnahme von Magenoperationen geführt. Das zeigt sich ganz eindrucksvoll an der stark gesunkenen Zahl der Operationen wegen eines Zwölffingerdarmgeschwürs. Auch die Zahl der Eingriffe aufgrund von Magengeschwüren ist besonders in den letzten Jahren deutlich zurückgegangen.

Operationen immer seltener nötig

Eine medikamentöse Behandlung wird heute, von einigen wenigen Ausnahmen abgesehen, bei fast jeder

Mittel gegen Rückflußbeschwerden

»Magenkrankheit« durchgeführt. Während bei nur vorübergehend auftretenden Schüben eines Magensaftrückflusses in die Speiseröhre vorwiegend den Magensaft neutralisierende Mittel (Antazida) eingesetzt werden, kommt eine Behandlung mit stärkeren Medikamenten (H_2-Blocker) – die die Magensaftproduktion deutlich einschränken – dann in Frage, wenn der Patient sehr unter den Rückflußbeschwerden leidet oder bei einer Spiegelung deutliche Schädigungen der Speiseröhrenschleimhaut zu erkennen sind. Solche Schädigungen bedürfen für ihre erfolgreiche Behandlung einer kräftigeren Säurehemmung als Magen- und Zwölffingerdarmgeschwüre. Gegen schwere Formen der Refluxkrankheit verordnet der Arzt die am stärksten wirksamen Medikamente, die in der Lage sind, die gesamte Magensaftproduktion zu unterbinden, nämlich die sogenannten Protonenpumpenblocker. Zusätzlich helfen können Mittel, die die Reinigung der Speiseröhre beschleunigen und gleichzeitig den Verschluß zum Magen hin kräftigen. Dieselben Medikamente (Prokinetika) werden auch bei Magenentleerungsstörungen eingesetzt.

Mittel gegen Reizmagen

Bei funktionellen Magenbeschwerden (Reizmagensyndrom, »nervöser Magen«) wird der Arzt die Medikamente nach dem Beschwerdebild aussuchen. Da am häufigsten funktionelle Magenbeschwerden vom Motilitätstyp (s. Kapitel »Völlegefühl im Magen«) vorkommen, werden meist Medikamente verordnet, die die Magenentleerung (und die des Dünndarms) regeln und verbessern. Stehen Beschwerden im Vordergrund, wie sie eigentlich beim Geschwür beobachtet werden, dann erhält der Patient säurebindende bzw. säurebildungshemmende Arzneimittel.

Viele Menschen lernen mit der Zeit ihre typischen Beschwerden, da sie immer wieder auftreten, kennen und einschätzen und behandeln sich erst einmal selbst – sei es mit Mitteln, die noch von der letzten Verordnung des Arztes übrig geblieben sind, oder mit den rezeptfrei in der Apotheke verkäuflichen Antazida. Achten Sie dabei jedoch auf die schon besprochenen »Warnzeichen« (s. Kapitel »Wenn etwas ›im Magen liegt‹: funktionelle Magenbeschwerden«). Haben sich Ihre Beschwerden verändert oder sprechen sie nicht mehr auf die sonst immer angewandten Medikamente an, dann sollten Sie unbedingt einen Arzt aufsuchen. Das gilt natürlich auch für den Fall, daß die Schmerzen wesentlich heftiger sind als bei früheren Beschwerden.

Bei Selbstbehandlung auf »Warnzeichen« achten!

Eine besondere Situation stellt, was die Einnahme von Medikamenten gegen Magenbeschwerden betrifft, die Schwangerschaft dar. Grundsätzlich sollten Schwangere während der ersten drei Monate alle im folgenden besprochenen Arzneimittel meiden. Das gilt speziell für die Medikamente gegen Magenentleerungsstörungen; sie dürfen auch im weiteren Verlauf der Schwangerschaft nur in seltenen Fällen eingesetzt werden.

Magenmittel in der Schwangerschaft

Säurebindende Mittel (Antazida)

Antazida bestehen meist aus einer Kombination verschiedener Mineral- und anderer Salze, die die im Magen vorhandene Salzsäure binden und damit neutralisieren. Sie unterscheiden sich hauptsächlich durch die Begleiterscheinungen, die sie auslösen können. Von aluminium- und kalziumhaltigen Mitteln weiß man, daß sie Verstopfung verursachen

Kombination verschiedener Salze

können, während Magnesiumsalze abführend wirken. Deshalb gibt es Präparate, die verstopfende und abführende Substanzen miteinander kombinieren, weil sich ihre Wirkungen dann gegenseitig aufheben. Welches Medikament für seinen Patienten geeignet ist, wird der Arzt nach einem ausführlichen Gespräch und anhand seiner Untersuchungsergebnisse entscheiden.

Der »Rebound-Effekt« von Natron

Die modernen Antazida sind so ausgerichtet, daß sie nicht wie das frühere »Hausmittel« Natron zu überschießender Säurebildung führen, sobald sie den Magen verlassen haben (in der Medizin heißt das »Rebound-Effekt«). Deshalb sind sie dem Natron überlegen und auf jeden Fall vorzuziehen, zumal dessen Gehalt an Natrium wie ja auch zuviel Kochsalz in der Nahrung auf Dauer ungesund ist. Außerdem wirken Antazida nicht nur säureneutralisierend, sondern auch schleimhautschützend, und sie binden neben der Magensäure auch die in den Magen bzw. die Speiseröhre gelangten Gallensäuren.

Nach Anweisung des Arztes einnehmen

Damit die Behandlung mit Antazida den gewünschten Erfolg zeigt, müssen die Medikamente genau nach Anweisung des Arztes eingenommen werden und auch über den von ihm für sinnvoll erachteten Zeitraum. Vorsicht ist bei der Anwendung von Antazida geboten, wenn eine Nierenerkrankung besteht. Wer zusätzlich weitere Medikamente einnehmen muß, sollte wissen, daß Antazida andere Mittel in ihrer Wirksamkeit einschränken können. Es ist wichtig, solche Einzelheiten schon vor Behandlungsbeginn dem Arzt anzugeben, damit er sie bei der Therapiewahl berücksichtigen kann.

Säureneutralisierende Medikamente wirken am besten, wenn sie jeweils ein bis drei Stunden nach dem Essen eingenommen werden. Das hängt mit der rein örtlichen Wirkung der Antazida im Magen und Zwölffingerdarm zusammen. Wie wir schon gesehen haben, puffert die in den Magen gelangte Nahrung zunächst die Magensäure, bis dieser Effekt nachläßt und der Speisebrei im Magen wiederum die Säureproduktion anregt. Genau zu diesem Zeitpunkt – im allgemeinen eben ein bis drei Stunden nach der Mahlzeit – sollten Antazida wirksam werden und dabei möglichst lange an Ort und Stelle verweilen. Allerdings werden diese Mittel ständig mit dem Nahrungsbrei in den Darm weitertransportiert und verlieren immer wieder ihre Wirkung. Sie helfen also nur, wenn man sie wirklich nach jeder Mahlzeit und noch einmal vor dem Schlafengehen einnimmt.

1–3 Stunden nach dem Essen einnehmen …

… und nochmals vor dem Schlafengehen

Wie erwähnt sind Antazida rezeptfrei in der Apotheke erhältlich. Wer seine Beschwerden kennt und weiß, wie er mit ihnen umgehen muß, kann sich auch ohne ärztliche Anweisung mit diesen Mitteln versorgen. Der ständige unkontrollierte Gebrauch von Antazida ist aber auf keinen Fall zu empfehlen: Wer sie in hohen Dosen und über einen längeren Zeitraum einnimmt, muß selbst bei diesen an sich »harmlosen« Medikamenten allmählich mit Nebenwirkungen rechnen.

Nicht ständig und in hohen Dosen schlucken

Säurehemmende Mittel

Medikamente, die die Magensäurebildung hemmen, setzen sozusagen noch einen »Schritt« früher an als die Antazida: Sie bewirken, daß weniger Säure ausgeschüttet wird. Im Kapitel »Was tut der Magen für die Verdauung?« sind die Vorgänge beschrieben, die bei der Produktion von Salzsäure ablaufen. Neben dem Einfluß des Verdauungshormons Gastrin und des Vagusnervs ist daran ein weiterer Faktor beteiligt, das Hormon Histamin. Es wird von der Magenschleimhaut im oberen Magenanteil (Korpus) gebildet. Die säureproduzierenden Belegzellen der Schleimhaut tragen spezielle Anlegestellen oder Empfänger (Rezeptoren) für die Stoffe, die sie zur Säuresekretion anregen. Die Wirkungsweise der sogenannten H_2-Blocker beruht nun darauf, daß diese Mittel die Histaminrezeptoren der Belegzellen besetzen. Da das Histamin sowohl auf direktem Weg die Säurebildung fördert als auch die Wirkung des Gastrins und des Vagussignals vermittelt, geht die Säureproduktion zurück, wenn es nicht mehr mit den Belegzellen in Kontakt treten kann.

Wie H_2-Blocker die Säurebildung hemmen

Stärkere Wirkung: Protonenpumpenblocker

Noch stärker als die Histaminrezeptorenblocker wirken die erst vor wenigen Jahren auf den Markt gekommenen Protonenpumpenblocker, die die Säureproduktion im Magen völlig unterdrücken. Beide Medikamente werden vor allem in der Geschwürbehandlung eingesetzt. Weil es für die Einnahme von Protonenpumpenblockern über einen längeren Zeitraum noch nicht genügend Erfahrungen gibt, sind diese Präparate derzeit nur für die Akuttherapie über bis zu acht Wochen zugelassen (vgl. Kapitel »Die Behandlung von Geschwüren«).

Nur für die Akuttherapie zugelassen

Wie schon erwähnt, sorgt die Salzsäure für eine Desinfektion der aufgenommenen Nahrung, d.h. sie vernichtet die Bakterien, die zusammen mit der Nahrung in den Magen gelangen. Und sie verhindert gleichzeitig, daß Bakterien aus dem Darm in den Magen aufsteigen (s. Kapitel »Was tut der Magen für die Verdauung?«). Der vollständige Ausfall der Säuresekretion kann deshalb vermehrt zu bakteriellen Infektionen des Verdauungstraktes führen (was bei unserem Hygienestandard allerdings kaum vorkommen dürfte).

H_2-Blocker und Protonenpumpenblocker haben gegenüber säureneutralisierenden Mitteln den Vorteil, daß sie in der Regel nur einmal am Tag eingenommen werden müssen, und zwar am zweckmäßigsten mit der Abendmahlzeit oder vor dem Zubettgehen. Für die Abheilung eines Geschwürs ist es nämlich besonders wichtig, daß gerade die nächtliche Säureproduktion gebremst wird.

1mal täglich am Abend einnehmen

Nebenwirkungen sind bei H_2-Blockern selten, weshalb sie sich auch für eine mehrjährige Therapie zur Vorbeugung von Geschwürsrückfällen eignen (halbe Dosis – s. Kapitel »Die Behandlung von Geschwüren«). Damit die Behandlung mit säurehemmenden Mitteln ihr Ziel erreicht, ist es – ebenso wie bei den Antazida – unerläßlich, die Präparate über den gesamten vom Arzt verordneten Zeitraum einzunehmen und nicht schon damit aufzuhören, wenn die Schmerzen nach ein paar Tagen weg sind. Selten ergeben sich Wechselwirkungen, wenn gleichzeitig mit H_2-Blockern andere Medikamente eingenommen werden: H_2-Blocker können die Wirkung dieser Medikamente beeinflussen. Vergessen Sie deshalb nicht, Ihren Arzt zu informieren, welche Mittel Sie zusätzlich zur Therapie mit H_2-Blockern einnehmen müssen oder welche Sie anwenden können.

Nicht auf eigene Faust absetzen!

Wechselwirkungen mit anderen Mitteln

Schleimhautschützende Mittel

Diese Medikamente, von denen das Sucralfat am häufigsten eingesetzt wird, haben verschiedene Wirkmechanismen. Sie heften sich an den Geschwürsgrund eines Magen- oder Zwölffingerdarmgeschwürs und bilden eine Art Schutzfilm auf der geschädigten Schleimhaut. Sie steigern die Produktion des Gewebshormons Prostaglandin, das wiederum die Bildung von Magenschleim fördert und damit die Schleimhaut schützt. Außerdem sorgen sie häufig für eine bessere Durchblutung der Schleimhaut und bewirken schließlich, daß vermehrt Bikarbonat im Magen entsteht. Das Bikarbonat neutralisiert Säure, die bis an die Schleimhautgrenze vorgedrungen ist, verhindert also Schleimhautschäden durch die aggressive Magensäure (vgl. Kapitel »Was tut der Magen für die Verdauung?«).

»Schutzfilm« auf der Magenschleimhaut

Zur Zeit wird in der Medizin auch die Möglichkeit diskutiert, daß diese Substanzen bestimmte Wachstumsfaktoren enthalten. Zusammen mit den bereits genannten Wirkungen können sie zur Folge haben, daß die zerstörte Schleimhaut sich rasch regeneriert und Geschwüre schneller abheilen. Sucralfat wird auch vorbeugend angewandt, zum einen in der Intensivmedizin, um Streßgeschwüre (aufgrund von Operationen u.a.) zu vermeiden, zum anderen, um bei einer Dauerbehandlung mit Antirheumatika der Entstehung von Geschwüren oder Rezidiven gegenzusteuern.

Sucralfat zur Vorbeugung bei Geschwürrisiko

Ein anderes schleimhautschützendes Mittel sind Wismutsalze, die nach einem ähnlichen Prinzip funktionieren (Schutzschicht), gleichzeitig aber noch eine keimabtötende Wirkung auf das Bakterium Helicobacter pylori haben. In Kombination mit anderen Mitteln sind sie sehr erfolgreich bei der Ausrottung des Bakteriums und damit auch bei der Verhinderung von Geschwürsrückfällen. Nach der Einnahme von Wismutsalzen kann eine Schwarzfärbung des Stuhls auftreten. Weder Sucralfat noch Wismutsalze sind im übrigen für eine Dauerbehandlung geeignet, haben sich aber bei einem gezielten, begrenzten Einsatz als sehr gut wirksam erwiesen und verursachen dann auch keine schwerwiegenden Nebenerscheinungen.

Wismutsalze gegen Infektion mit Helicobacter

Mittel gegen Magenentleerungsstörungen und Übelkeit (Prokinetika)

Die Wirkung dieser Medikamente setzt an mehreren Stellen des Verdauungstrakts an. Prokinetika sorgen einerseits dafür, daß der Verschlußmechanismus zwischen Speiseröhre und Magen verstärkt und dadurch der Rückfluß von Magensaft in die Speiseröhre unterbunden wird. Andererseits beeinflussen sie die Muskelbewegungen der Magen- und Darmwand so, daß die Entleerung von Magen und Zwölffingerdarm koordiniert erfolgt, d.h. daß Magenausgang und Zwölffingerdarm in einem bestimmten, aufeinander abgestimmten Rhythmus den Nahrungsbrei weitertransportieren. Ihr Einsatzgebiet haben Prokinetika, wie wir schon gesehen haben, vor allem bei Refluxbeschwerden und bei Motilitätsstörungen im Zusammenhang mit funktionellen Magenbeschwerden (vgl. Kapitel »Sodbrennen« und »Völlegefühl im Magen«). Weil sie die Magenentleerung beschleunigen, helfen sie gleichzeitig gegen Übelkeit und Erbrechen.

Prokinetika für bessere Magenentleerung

Auch gegen Übelkeit wirksam

Unter den Prokinetika gibt es zwei verschiedene Gruppen von Medikamenten. Eine Gruppe ist in ihrer Wirksamkeit im Verdauungstrakt auf Magen und Zwölffingerdarm beschränkt, wirkt aber zusätzlich auf das Brechzentrum im Gehirn, also gegen Übelkeit. Die zweite Gruppe dagegen hat weniger Einfluß auf das Brechzentrum, steuert aber die gesamte Peristaltik – also alle Muskelbewegungen – von Magen, Dünndarm und Dickdarm.

Unterschiedliche Wirksamkeit von Prokinetika

Der Arzt wird sich bei der Wahl des geeigneten Medikaments nach den Symptomen bzw. den Beschwerden seines Patienten richten: Stehen Übelkeit und Erbrechen im Vordergrund des Beschwerdebildes, wird er sich für ein Präparat aus der ersten Gruppe entscheiden. Leidet der Betroffene neben seinen sonstigen Beschwerden verstärkt unter Darmentleerungsstörungen, so kommt eher ein Mittel aus der zweiten Gruppe in Frage. Dabei muß der Arzt in Erwägung ziehen, daß sich eine bessere, koordinierte Entleerung von Magen, Dünn- und Dickdarm womöglich auch günstig gegen Übelkeit auswirken könnte. Wegen ihrer zum Teil beachtlichen Nebenwirkungen werden einige Prokinetika nicht über einen längeren Zeitraum eingesetzt.

Wahl des Mittels je nach Hauptsymptom

Krampflösende Mittel und Beruhigungsmittel

Krampflösende Medikamente bewirken über bestimmte Nervenrezeptoren eine Entkrampfung und Entspannung der Muskulatur. Als Spritze oder in Form eines Zäpfchens können sie z.B. bei starken Magenkrämpfen infolge einer akuten Magenverstimmung Erleichterung bringen. In der Regel wird der Arzt diese krampflösenden Mittel vorwiegend

Zur Muskelentspannung bei Magenkrämpfen

bei unklaren Oberbauchbeschwerden mit einer Neigung zu Krämpfen anwenden.

Beruhigungsmittel nur bei seelischen Ursachen

Beruhigungsmittel werden allenfalls im Rahmen funktioneller Magenbeschwerden in Ausnahmefällen eingesetzt, wenn seelische Belastungen eine große Rolle für die Entstehung der Beschwerden spielen oder wenn sich der betroffene Patient durch eine besondere Situation im Zustand einer lang andauernden Erregung befindet. Eine Magenerkrankung können Beruhigungsmittel nicht beheben, geschweige denn ein Geschwür abheilen lassen. Nicht zu vergessen sind außerdem die Gefahr einer möglichen Abhängigkeit und die Tatsache, daß solche Medikamente die Reaktionsgeschwindigkeit beeinträchtigen. Im übrigen können sie seelische Probleme oder Belastungen, die sich hinter einer funktionellen Dyspepsie verbergen, nur zeitweise »kaltstellen« – eine dauerhafte Lösung, durch die die Beschwerden verschwinden, bieten sie nicht. Hier kann vor allem das Gespräch mit dem Arzt helfen oder auch eine psychotherapeutische Behandlung.

Besser: Gespräch mit dem Arzt oder Psychotherapie

Die Magenoperation

Meist genügt Behandlung mit Medikamenten

Weil die medikamentöse Behandlung durch die Entwicklung immer besserer, hochwirksamer Mittel in den letzten Jahren steigende Erfolge verbuchen konnte, ist die Zahl der Magenoperationen, wie schon erwähnt, deutlich zurückgegangen. Heute operiert man überwiegend nur noch, wenn bei Magen- oder Zwölffingerdarmgeschwüren Komplikationen auftreten. Dazu zählen:

Komplikationen, bei denen operiert werden muß

- Blutungen aus einem Geschwür, die mit anderen Methoden (z. B. durch das Endoskop) nicht zum Stillstand gebracht werden können;
- der Durchbruch des Geschwürs durch die Magenwand (Perforation), so daß sich der Mageninhalt in die freie Bauchhöhle ergießt und eine lebensbedrohliche Bauchfellentzündung mit der Gefahr eines Schocks verursacht;
- Verengungen (Stenosen) am Magenausgang, die als Folge wiederholter Geschwürsrückfälle entstanden sind, weil sich das nach der Abheilung vernarbte Gewebe zusammenzieht.

Außerdem wird der Arzt auch bei relativ jungen Menschen eine Operation erwägen, wenn sie beispielsweise unter häufigen Geschwürsrückfällen leiden und eine lebenslange medikamentöse Behandlung nicht zumutbar erscheint.

Operation bei Polypen und Magenkrebs

Magenpolypen mit einem Durchmesser von mehr als zwei Zentimetern werden ebenfalls durch eine Operation entfernt (kleinere können durch das Endoskop abgetragen werden – vgl. Kapitel »Gutartige Tumoren: Magenpolypen«). Bei der Diagnose Magenkrebs schließlich ist die Operation, wenn sich die Geschwulst noch in einer frühen Wachstumsphase befindet, die einzige Methode, mit der ein Heilungserfolg erreicht werden kann.

Welche Möglichkeiten dem Arzt je nach dem Gesundheitszustand des Patienten und der Art der Erkrankung beim Durchführen der Operation zur Verfügung stehen, wollen wir im folgenden Kapitel kurz darstellen.

Die Operationsverfahren

Grundsätzlich unterscheidet die Medizin bei Magenoperationen zwischen Notfalloperationen und nicht notfallbedingten Eingriffen. Ein solcher Notfall kann z.B. ein Geschwürsdurchbruch sein, bei dem einfach das Loch in der Magenwand wieder zugenäht wird. Wenn der Gesundheitszustand des Patienten es zuläßt, wird der Arzt dabei allerdings gleichzeitig zusätzlich Maßnahmen ergreifen, die die Säurebildung im Magen stark einschränken.

Bei Notfall verläuft die Operation anders

Für die Operation bei einem Magen- oder Zwölffingerdarmgeschwür kommen zwei unterschiedliche Verfahren in Frage, die aber auch miteinander kombiniert werden können: der organerhaltende Eingriff und die (Teil-)Resektion – die Entfernung mehr oder weniger großer Magenanteile.

2 Verfahren: Erhaltung oder (Teil-)Entfernung des Magens

Im Kapitel »Was tut der Magen für die Verdauung?« haben wir gesehen, daß der Vagusnerv neben anderen inneren Organen auch den Magen versorgt. Er verläuft in zwei Bahnen links und rechts der Speiseröhre und erreicht in zahlreichen Verästelungen die Magenwand (vgl. Abb. 8, Seite 27). Der Vagusnerv spielt eine erhebliche Rolle bei der Steuerung der Säureproduktion im Magen.

Bei der sogenannten Vagotomie – der vollständige Fachausdruck lautet: selektive proximale Vagotomie, abgekürzt SPV – werden diejenigen Äste des Vagusnervs durchtrennt, die zum oberen Magenanteil (Korpus) führen und dort die Belegzellen in der Magenschleimhaut zur Säuresekretion anregen. Andere Nervenäste des Vagus, die zum Magenausgang

Vagotomie vermindert die Säurebildung

verlaufen und für eine geregelte Entleerung des Magens verantwortlich sind, bleiben dabei erhalten, und vor allem wird der Magen als Ganzes dabei nicht angetastet. Der Nachteil dieses »magenschonenden« Verfahrens liegt darin, daß es häufiger wieder zu Geschwürsrückfällen kommt als bei Magenresektionen.

Nachteil: mehr Geschwürsrückfälle

Die zweite Operationstechnik ist das »radikalere«, oft aber auch wirkungsvollere Verfahren. Dabei geht es nicht nur darum, den Teil des Magens zu entfernen, in dem sich das Geschwür befindet, sondern auch darum, wie bei der Vagotomie, dafür zu sorgen, daß die Magensäurebildung reduziert wird. Zu diesem Zweck schneidet der Chirurg meist den unteren Magenanteil (Antrum), in dem das säurebildungsfördernde Gastrin produziert wird, und einen Teil des Magenkorpus, in dem die Salzsäure entsteht, heraus – bis zu zwei Drittel des Magens gehen also verloren. Den übriggebliebenen oberen Magenanteil verbindet er mit dem Dünndarm. Die beiden Möglichkeiten dieser Verbindung zwischen Magen und Darm werden nach dem Chirurgen Billroth, der sie zum ersten Mal erfolgreich anwandte, als Billroth I und Billroth II bezeichnet.

Wirkungsvoller: Magenentfernung bis auf ein Drittel

Beim Verfahren Billroth I wird der Magenrest direkt mit dem Zwölffingerdarm zusammengenäht, was einem immer noch den natürlichen Gegebenheiten ähnelnden Verdauungsweg entspricht. Kann der Zwölffingerdarm nicht mehr für die Nahrungspassage genutzt werden (z.B. weil das Geschwür dort sitzt oder der Darm sonstwie geschädigt ist), so wird nach Billroth II eine Dünndarmschlinge nach oben gezogen und mit dem Magenrest verbunden, das offene

Operationsverfahren nach Billroth

Ende des Zwölffingerdarms zugenäht. Wichtig ist in beiden Fällen, daß das Darmstück mit der Einmündung des Bauchspeicheldrüsen- und des Gallengangs erhalten bleibt, weil diese Säfte für die Verdauung notwendig sind. Abbildung 17 zeigt das Vorgehen bei der Billroth-II-Operation.

Einfluß der Verdauungssäfte bleibt erhalten

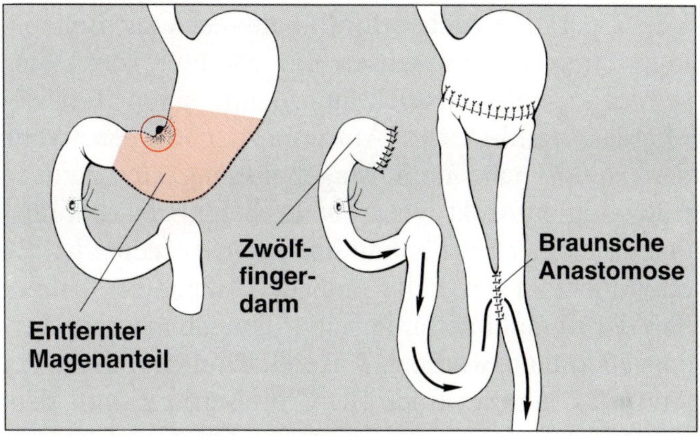

Abb. 17

Die Magenoperation nach Billroth II: Antrum und ein Teil des Korpus (wo auch das Geschwür sitzt, s. roter Kreis) werden entfernt. Der Magenrest wird mit einer hochgezogenen Dünndarmschlinge vernäht, das offene Ende des Zwölffingerdarms verschlossen. Damit in der zum Magen führenden linken Schlinge kein Stau entsteht, wird eine Kurzschlußverbindung zur abführenden Schlinge hergestellt (Braunsche Anastomose).

Als besonders effektiv hat sich eine Kombination von Vagotomie und Magenteilresektion erwiesen, da sie die größtmögliche Verminderung der Magensäureproduktion bewirkt. Für welche Operationsmethode sich der Arzt letztlich entscheidet, hängt ausschließlich vom betroffenen Kranken ab. Hier gibt es keine festen Richtlinien. Je kleiner der entfernte Magenanteil ist, je größer also der verbleiben-

Kombination von Vagotomie und Teilentfernung wirkt am besten

de Magenrest, desto geringer sind die Auswirkungen des Eingriffs auf das alltägliche Leben nach der Operation. Immerhin hat die Teilresektion trotz möglicher unangenehmer Folgen den herausragenden Vorteil, daß nur selten neue Geschwüre entstehen können.

Vorteil: selten neue Geschwüre

Eine Operation nach Billroth kann auch zur Behandlung eines Magenkrebses die Methode der Wahl sein. Es genügt jedoch nur dann, einen Teil des Magens, nämlich das Antrum, zu entfernen, wenn der Tumor nahe dem Magenausgang sitzt und so frühzeitig entdeckt wird, daß er sich noch nicht über den Ort seiner Entstehung hinaus ausgebreitet hat. In der Mehrzahl der Fälle muß der Magen einschließlich der Lymphknoten in seiner Umgebung ganz herausgenommen werden. Anschließend verbindet der Arzt das untere Ende der Speiseröhre mit dem Dünndarm, wobei auch hier das für die ordnungsgemäße Verdauung nötige Stück des Zwölffingerdarms erhalten bleibt.

Bei Krebs meist Totalentfernung des Magens

Daß es sich auch mit einem stark verkleinerten Magen und sogar ganz ohne ihn nach einer gewissen Gewöhnungszeit einigermaßen normal leben läßt und welche Verhaltensregeln man nach der Operation beachten sollte, wollen wir im nächsten Abschnitt schildern.

Normales Leben auch ohne Magen

Wie man sich nach einer Magenoperation richtig verhält

Daß eine Magenoperation zunächst nicht ohne Folgen für den Betroffenen bleiben kann, wird verständlich, wenn man sich klarmacht, daß sie beträchtliche

Veränderungen für den Verdauungsweg bedeutet. Je nach Art und Schwere des Eingriffs können unterschiedliche Nachwirkungen auftreten. Dabei verursacht die Vagotomie als organerhaltende Operation die wenigsten Störungen. Eine unbeabsichtigte, zu ausgedehnte Durchtrennung von Nervenästen des Vagusnervs beeinträchtigt die geregelte Entleerung des Magens, für die diese Nervenfasern zuständig sind. Solche Entleerungsstörungen geben sich häufig von selbst. Allerdings muß der Arzt in diesen Fällen immer auch an andere mögliche Ursachen denken und z.B. erneut entstandene Geschwüre sicher ausschließen. In der frühen Zeit nach einer Vagotomie kann es zu Behinderungen beim Schlucken kommen. Das liegt an Flüssigkeits- und/oder kleineren Blutansammlungen im Bereich der unteren Speiseröhre, die in den Ablauf des Eingriffs mit einbezogen ist. Diese Beschwerden bilden sich bald wieder zurück.

Vagotomie hat die geringsten Nachwirkungen

Ergebnis einer Magenteilresektion ist logischerweise eine Verkleinerung des Magens. Der Restmagen hat natürlich eine verringerte Speicherfähigkeit. Das führt fast immer kurzzeitig zu einem schnell einsetzenden Völlegefühl beim Essen, obwohl der Betroffene noch Appetit hat. Um dieses rasche Sättigungsgefühl zu vermeiden, empfiehlt es sich, häufig – sieben- bis zehnmal pro Tag – kleine Mahlzeiten einzunehmen.

Verkleinerter Magen ist schneller »satt«

Etwa jeder dritte Magenresezierte stellt fest, daß er keine Milch mehr verträgt. Diese Unverträglichkeit beruht wiederum nur in einem Drittel der Fälle auf einem Mangel an dem Milchzucker spaltenden Enzym Laktase. Bei den anderen Operierten ist es

Warum Milch oft nicht mehr vertragen wird

die im Vergleich zur normalen Verdauung bei Gesunden zu schnell erfolgende Entleerung der Milch in den Dünndarm, die einen relativen Laktasemangel verursacht – das Enzym ist zwar vorhanden, kann aber wegen des zu raschen Nahrungstransportes nicht lange genug einwirken. Um dadurch hervorgerufenen Oberbauchbeschwerden, Blähungen und Durchfällen zu entgehen, sollten Magenoperierte auf Milch und milchzuckerhaltige Nahrungsmittel wie z.B. Schokolade verzichten. Hingegen müssen Milchprodukte wie Quark und Käse wegen ihres Kalziumgehaltes unbedingt weiterhin auf dem Speisezettel erscheinen.

Statt Milch und Schokolade Quark und Käse

Leicht aufschließbare und daher im Darm schnell abgebaute Kohlenhydrate (freier Zucker, Pudding, Kuchen, Schokolade, Pralinen u.a.) führen ebenfalls in der frühen Phase nach einer Magenteilentfernung nicht selten zu Schwächegefühl, Schweißausbruch, schnellem Herzschlag und Kopfschmerzen sowie zu Völlegefühl, Übelkeit, krampfartigen Oberbauchbeschwerden und Durchfällen.

Dieses Beschwerdebild, das in der Fachsprache »Dumpingsyndrom« genannt wird, bessert sich meistens mit wachsendem zeitlichen Abstand von der Operation. Unterstützen läßt sich diese Entwicklung noch, indem der Betroffene die erwähnten süßen Speisen wegläßt und vor dem Essen von fester Nahrung weder Getränke noch Suppen zu sich nimmt. Außerdem hilft es, sich nach jeder Mahlzeit eine Ruhepause im Liegen zu gönnen und eventuell eine Leibbinde zu tragen. Die feste Nahrung sollte unbedingt auch Ballaststoffe enthalten.

Was tun bei »Dumpingsyndrom«?

Weil Menschen, denen ein Teil des Magens entfernt wurde, das unangenehme plötzliche Völlegefühl beim Essen und die Beschwerden des Dumpingsyndroms nach Möglichkeit vermeiden wollen und oft auch, weil der Appetit zurückgeht, ernähren sich viele nicht mehr ausreichend und verlieren zusätzlich an Gewicht. Grundsätzlich ergibt sich für Magenresezierte schon allein dadurch eine Gewichtsabnahme, daß die Nahrung jetzt Magen(rest) und Dünndarm viel schneller passiert und der Darm in der kürzeren Zeit nicht genügend Nährstoffe aus dem Speisebrei verwerten kann. Einseitige Ernährungsgewohnheiten können sich vor allem in Kalziummangelerscheinungen offenbaren, die mit einem vermehrten Knochenabbau gekoppelt sind. Deshalb ist es wichtig, in jährlichen Laboruntersuchungen zu kontrollieren, ob der Körper in ausreichender Menge Kalzium erhält.

Gewichtsverlust durch weniger Essen …

… und schlechtere Nährstoffverwertung

Beschwerden, die nach einer jahrelangen schmerzfreien und problemlosen Zeitspanne in der Folge einer Magenoperation auftreten, müssen vom Arzt eingehend abgeklärt werden, da sich auch in dem verbliebenen Magenstumpf ein Krebs entwickeln kann. Die Statistik sagt, daß das Krebsrisiko im Restmagen fünfzehn Jahre nach einer Magenteilresektion anzusteigen beginnt.

Krebsrisiko steigt nach 15 Jahren ab der Operation

Wenn aufgrund eines Krebsleidens der gesamte Magen herausoperiert werden muß, fehlt auch der im Magensaft enthaltene Intrinsic-Faktor, der für die Aufnahme von Vitamin B_{12} aus der Nahrung notwendig ist. Damit keine Blutarmut entsteht, wird der Körper in regelmäßigen Abständen per Spritze mit

Ausgleich von Vitamin-B_{12}- und Eisenmangel

dem Vitamin versorgt. Ein ebenfalls auftretender Eisenmangel – die Magensäure bewirkt ja auch, daß Eisen leichter aus der Nahrung entzogen werden und ins Blut gelangen kann – gleicht sich meist einige Zeit nach der Operation von selbst aus; wenn nicht, muß auch das Eisen durch entsprechende Präparate ersetzt werden.

Wenn Sie eine Magenoperation mit Teilentfernung oder Totalverlust des Magens hinter sich haben, sollten Sie, noch einmal zusammengefaßt, die folgenden Hinweise beachten:

Was man nach der Operation beachten sollte

- Erlaubt sind grundsätzlich alle Speisen, die Sie vertragen. Eine ausreichende Nährstoffaufnahme muß jedoch gewährleistet sein. Weil der verbliebene Magenrest nur wenig Nahrung speichern kann und schnell überfüllt ist, sollten Sie häufige, kleine Mahlzeiten über den ganzen Tag verteilen.
- Bei Milchunverträglichkeit sollten Sie Voll- und Magermilch meiden, dagegen Quark, Käse und Joghurt bevorzugen.
- Eine gut gekaute, feste Nahrung ist meist bekömmlicher als eine leicht aufschließbare, breiige Kost.
- Bei andauernder Gewichtsabnahme und sobald längere Zeit nach der Operation wieder Beschwerden auftauchen, sollten Sie unbedingt den Arzt aufsuchen.

Vorbeugung und Selbsthilfe

Wer Probleme mit dem Magen hat, kann sich oft mit einigen einfachen Maßnahmen den alltäglichen Umgang mit seinen Beschwerden erleichtern und einer Verschlimmerung des Leidens vorbeugen. »Nichts Falsches schlucken« – das gilt für Magenkranke im wörtlichen wie im übertragenen Sinn!

Gesunde Lebensführung

Gesund leben: Das gilt nicht nur für Magenkranke

Die Ratschläge und Empfehlungen, die Sie im folgenden genannt finden, gelten ganz allgemein für eine gesunde Lebensweise, wie sie sich nach heutigen Vorstellungen günstig auf das Vermeiden aller möglichen Krankheiten auswirkt. Im Anschluß daran wollen wir ausführlich besprechen, welche Bedeutung die Ernährung für Menschen mit Magenbeschwerden und Magenkranke hat, welche Rolle Genußmittel wie Alkohol, Kaffee und Nikotin dabei spielen und welchen Einfluß bestimmte Medikamente sowie Belastungen durch Streß im Alltagsleben auf Magen und Verdauung ausüben können. Was Magenpatienten zur Vorbeugung von Beschwerden tun können und wie sie sich richtig verhalten, um unnötige Probleme gar nicht erst heraufzubeschwören, soll dabei im Mittelpunkt stehen.

Rechtzeitig vorbeugen statt unnötig leiden!

Grundsätzlich ist es für die Gesundheit aller Menschen wichtig, ein vernünftiges, ausgewogenes Verhältnis anzustreben zwischen geistiger und körperlicher Belastung auf der einen, Erholungsphasen und Ernährungsweise auf der anderen Seite. Nikotin, Alkohol und auch Kaffee sollte man, wenn überhaupt, nur sehr maßvoll genießen.

Ständige seelische Erregung, Anspannung, Ärger und Ängste schlagen sich auf den Magen. »Es bleibt zu viel im Magen liegen«, und das bedeutet für viele Menschen Magendruck, Völlegefühl, Appetitlosigkeit, Mißmutigkeit und sogar Kopfschmerzen. Die notwendige Entspannung kann nicht durch Zigaretten oder einen doppelten Cognac erreicht werden. Eine positive Lebenseinstellung, die sich vom anstrengenden Prestige- und Karrieredenken bewußt ein Stück weit frei zu machen versucht, kann eher helfen, Verkrampfungen zu lösen.

Wer Streß hat, braucht auch Entspannung

Wer einer größtenteils sitzenden und geistigen Beschäftigung nachgeht, sollte berücksichtigen, daß körperliche Bewegung sich günstiger im Sinne der Entspannung auswirkt als der Krimi im Fernsehen. Körperliche Aktivität macht nicht nur fit, sondern auch stabiler gegen Einflüsse, die Stimmungsschwankungen hervorrufen können. Dann wird man mit Streß und seelischer Anspannung besser fertig.

Mehr Bewegung statt Fernsehen!

Dabei ist es aber wichtig, daß die körperliche Bewegung – oder, genauer, die gewählte Sportart – Freude macht und Entspannung bringt. Kampfbetonte Sportarten beispielsweise, die eine zusätzliche Belastung bedeuten können, sind deshalb eher nachteilig zu bewerten. Wandern, Paddeln, Radfahren, Schwimmen und auch Gymnastik sind zur Erholung sehr zu empfehlen.

Zu empfehlen: Wandern, Radeln, Schwimmen

Ernährung: Der Sinn von Schonkost und Diäten

Was ist eine »ausgewogene Ernährung«?

Was für die allgemeine Lebensführung das ausgewogene Verhältnis zwischen geistiger bzw. körperlicher Arbeit und den entsprechenden Erholungszeiten bedeutet, stellt für eine gesunde Ernährung die ausgewogene Zusammensetzung der Nährstoffe – Kohlenhydrate, Eiweiß und Fett – dar. Außerdem soll die Nahrung einen ausreichenden Anteil an »schwer verdaulichen« Ballaststoffen enthalten. Allerdings kann es durch eine solche ballaststoffreiche Kost mit Vollkornmüsli, Gemüse und Obst, besonders wenn man gerade dabei ist, sich darauf umzustellen, vermehrt zu Völlegefühl und Blähungen kommen. Dieser für die Gesundheit unschädliche Nebeneffekt läßt sich leicht erklären und verschwindet in der Regel nach einer gewissen Gewöhnungszeit.

Auf ballaststoffreiche Nahrung umstellen

Die Hauptbestandteile der Ballaststoffe sind Pflanzenfasern. Sie können nicht wie z.B. Eiweiß und Zucker durch die Verdauungssäfte des Körpers aufgespalten und über den Dünndarm verwertet werden. Statt dessen gelangen sie in den Dickdarm und werden dort von den bei jedem Gesunden vorhandenen Darmbakterien abgebaut. Im Verlauf des Abbauprozesses entstehen flüchtige Fettsäuren sowie verschiedene Gase, nämlich Wasserstoff, Kohlendioxid und teilweise auch Methangas. Sie sind für die Blähungen verantwortlich. Diese geringen »Nebenwirkungen« sollte man angesichts der Vorteile einer ballaststoffreichen Ernährung (dazu später noch einiges mehr) in Kauf nehmen. Die Medizin geht heute sogar davon aus, daß eine Kost mit möglichst vielen Ballaststoffen die Entstehung von Dickdarmkrebs verhindern hilft.

Gelegentliche Blähungen sind harmlos

Auch Kohl, Zwiebeln, Radieschen, Sellerie und Hülsenfrüchte führen auf dem genannten Weg zu vermehrter Gasbildung. Das sollte Sie aber nicht beunruhigen – es handelt sich, wie gesagt, um harmlose Begleiterscheinungen!

Angeschimmelte Lebensmittel nicht mehr essen

Eine einseitige Ernährungsweise, bei der frisches Obst und Gemüse und damit Vitamine, besonders Vitamin C, viel zu wenig zum Zug kommen, kann wahrscheinlich die Entwicklung von Magenkrebs begünstigen. Nahrungsmittel, die durch Pilzbefall verdorben sind, stehen ebenfalls unter diesem Verdacht. Sie sollten deshalb angeschimmelte Speisen unbedingt wegwerfen. Wer übermäßig viel gepökelte und geräucherte Fleisch- bzw. Wurstwaren ißt, setzt sich durch die damit aufgenommenen Nitrosamine möglicherweise genauso einem erhöhten Krebserkrankungsrisiko aus.

Zum Grillen Fleisch in Folie packen

Vitamine: Helfer gegen Schadstoffe

Auch das Grillen über offenem Feuer wird als nicht ganz unbedenklich angesehen. Packen Sie Fleisch oder Fisch zum Grillen vorsichtshalber in Alufolie. Dadurch verhindern Sie, daß heißes Fett auf die Holzkohlen tropft und verbrennt (die dabei entstehenden aromatischen Kohlenwasserstoffe sind giftig) und daß das Fleisch versehentlich zu schwarz wird, was ebenfalls ungesund ist. Die Vitamine C, E und Beta-Carotin (Provitamin A), die in verschiedenen Obst- und Gemüsesorten wie z.B. Zitrusfrüchten, Kiwi, Paprika (C), Karotten, Spinat (A) und in Sonnenblumen- oder Sojaöl (E) enthalten sind, verhindern im Körper die Umwandlung des Nitrats aus dem Pökelsalz zu schädlichem Nitrit oder Nitrosaminen.

Man kann also durchaus feststellen, daß es einen Zusammenhang zwischen der Ernährungsweise und dem Entstehen von Magenkrankheiten gibt und daß der Ernährung damit auch eine vorbeugende Funktion zuwächst. Viel mehr Beachtung verdient jedoch die Erkenntnis, daß die richtige Ernährung das Abheilen eines Geschwürs mit beeinflußt und dazu beitragen kann, daß Geschwürkranke schmerzfrei werden. Eine vollwertige Kost, die zum einen für ausreichende Kalorienzufuhr sorgt, zum anderen den Bedarf des Körpers an Nährstoffen einschließlich Vitaminen und Spurenelementen deckt, erweist sich dabei als wertvoller und gesünder als streng reglementierte, einseitige Diätformen.

Gesund essen fördert Abheilung von Geschwüren

Vollwertkost ist gesünder als einseitige Diät

Eine wissenschaftlich begründete Magenschonkost gibt es nicht. Die einfache Regel lautet: Sie sollten aus Ihrer Ernährung alles streichen, von dem Sie selbst bemerken, daß es Ihnen nicht bekommt. Das kann bei Ihnen etwas ganz anderes sein als bei einem Bekannten, der unter ähnlichen Beschwerden leidet. Gerade in der akuten Phase einer Magenerkrankung, in der der Magen nicht bis an die Grenze seiner Leistungsfähigkeit belastet werden sollte, wird Ihnen der Arzt empfehlen, diese besonderen persönlichen Unverträglichkeiten zu berücksichtigen. Dazu gehören bei vielen Menschen z.B. stark gewürzte, scharf gebratene oder auch in schwimmendem Fett gebackene Speisen, Paprika, Pfeffer, Senf, Meerrettich, Zwiebeln, Knoblauch, Sellerie, Kohl, Gurken, in Essig eingelegtes Gemüse, Nüsse, Zitrusfrüchte, Bohnenkaffee, Weißwein, konzentrierte alkoholische Getränke wie Schnaps und Likör sowie alle Süßspeisen.

Faustregel: Nur essen, was gut bekommt

Lieber weniger und öfter essen

Häufige kleine Mahlzeiten werden, wie schon mehrfach erwähnt, meist besser vertragen als wenige reichhaltige, weil diese den Magen ungleich mehr beanspruchen. Möglicherweise kommt aber selbst bei der Entstehung von Magenkrankheiten dem »wie ich esse« eine größere Bedeutung zu als dem »was ich esse«.

In Ruhe essen und gut kauen

Das Essen sollten Sie ohne Störungen und in Ruhe einnehmen. Es ist wichtig, daß Sie die Speisen nicht hinunterschlingen, sondern gut gekaut schlucken. Durch das ausgiebige »Einspeicheln« werden dem Magen mit der Nahrung Schutzstoffe zugeführt. Sie stärken möglicherweise die Magenschleimhaut und können so einer Schädigung entgegenwirken. Darauf dürfte zum Teil auch der günstige Effekt einer ballaststoffreichen Kost beruhen. Untersuchungen in Indien und neuerdings in China haben gezeigt, daß in Regionen, in denen die Bevölkerung eine Kost zu sich nimmt, die gut gekaut und eingespeichelt werden muß, Magen- und Zwölffingerdarmgeschwüre deutlich seltener auftreten als in Gebieten, in denen eine vorwiegend breiige Kost bevorzugt wird.

Speichel enthält Schutzstoffe für den Magen

Wenn ein Magengeschwür zweifelsfrei abgeheilt ist, können Betroffene in der Regel zu einer normalen Ernährung ohne Einschränkungen übergehen. Sie sollten lediglich alle Speisen meiden, von denen sie wissen, daß sie sie nicht vertragen.

Gleiches gilt im übrigen für bestimmte Getränke. Menschen, deren Magen zur Übersäuerung neigt oder bei denen es häufig zum Rückfluß von Magensaft in die Speiseröhre kommt, haben oft Probleme mit Frucht- und Gemüsesäften – z.B. Trauben-, Apfel-, Orangen-, Tomatensaft – sowie Colagetränken. Cola zählt nach seinen chemischen Eigenschaften, nicht nach dem Geschmack, zu den sauersten Getränken überhaupt. Welche Obst- und Gemüsesäfte und andere nichtalkoholische Getränke er am besten verträgt, muß jeder selbst ausprobieren und sich danach richten. Beim Essen und Trinken sollten Menschen, die einen empfindlichen Magen haben, zu guter Letzt bedenken, daß auch zu heiß oder zu kalt genossene Speisen und Getränke Magenbeschwerden auslösen können.

Bei Sodbrennen Fruchtsäfte und Cola meiden

Genußmittel: Alkohol, Kaffee, Nikotin

Für Menschen mit Magenbeschwerden oder Magenkrankheiten sind Einfluß und Auswirkungen des Nikotins im Vergleich zu den anderen Genußmitteln an erster Stelle zu nennen. Nikotin verlangsamt das Abheilen von Magen- und Zwölffingerdarmgeschwüren und begünstigt Geschwürsrückfälle. Als auslösender Faktor für die Entstehung von Geschwüren ist es dagegen in Zweifel geraten. Fest steht aber, daß das Rauchen die nächtliche Säuresekretion fördert. Gerade Menschen, die zu Zwölffingerdarmgeschwüren neigen, sollten sich diesen Zusammenhang bewußt machen. Grundsätzlich muß man aber allen Menschen mit Magenproblemen und Geschwürkranken im besonderen dringend dazu raten, das Rauchen aufzugeben.

Für Magenkranke besonders schädlich: Nikotin

Was den Genuß von Alkohol und Kaffee in kleineren Mengen betrifft, so sind dagegen keine wissenschaftlich nachweisbaren Argumente vorzubringen. Allerdings gehören beide zu den »Säurelockern«, die

Alkohol und Kaffee sind »Säurelocker«

die Säureproduktion im Magen anregen. Da Kaffee – weniger durch Koffein als wegen der enthaltenen Röststoffe – außerdem die Magenschleimhaut reizen kann, wird er von Magenkranken oft schlecht vertragen. Wer unter einem Geschwür leidet, sollte also lieber auf Kaffee verzichten.

Kaffeeröststoffe reizen die Magenschleimhaut

Mit Alkohol in konzentrierter Form, z.B. in Weinbrand, Whiskey, Wodka und auch Wein, haben Magenkranke häufig Schwierigkeiten, obwohl Bier eigentlich die Magensaftbildung stärker fördert als Schnäpse und Wein. Experimente haben gezeigt, daß **geringe** Mengen von Alkohol die Magenschleimhaut gegen schädigende Faktoren widerstandsfähiger machen. Damit wollen wir aber auf keinen Fall einen regelmäßigen Alkoholkonsum (auch nicht in Maßen!) befürworten. Die Auswirkungen des Alkohols auf Leber, Bauchspeicheldrüse, Gehirn und andere Organe sind bei Dauergenuß so verheerend, daß der Kampf gegen Alkoholmißbrauch und Alkoholabhängigkeit mittlerweile zu einer gesundheitspolitischen Aufgabe ersten Ranges geworden ist. Es gibt wesentlich mehr Todesfälle durch chronischen Alkoholkonsum als durch (andere) Drogen.

Schnaps und Wein oft schlecht verträglich

Ein gelegentliches Glas Wein oder Bier zum Essen ist auch für Geschwürkranke erlaubt. Hochprozentige Alkoholika sollten Menschen mit Magenproblemen allerdings meiden, und sie sollten alkoholische Getränke grundsätzlich nicht auf nüchternen Magen zu sich nehmen. Im übrigen bestehen auch bei den verschiedenen Alkoholika persönliche Unverträglichkeiten, die der einzelne für sich selbst erfahren hat und berücksichtigen muß.

Ab und zu erlaubt: 1 Glas Wein oder Bier zum Essen

Medikamente: Nebenwirkungen auf den Magen

Wenn man als Patient die Beipackzettel vom Arzt verordneter Medikamente aufmerksam liest, bekommt man den Eindruck, daß viele Medikamente zu »Magenbeschwerden« führen können. Solche Informationen finden sich z.B. in den Gebrauchsanweisungen für zahlreiche Antibiotika, für Eisenpräparate oder Mittel gegen zu hohen Blutdruck. Sie alle mögen zwar gelegentlich leichte Magenbeschwerden mit sich bringen, verursachen aber keine ernsthaften Magenerkrankungen.

Kortikosteroide: wenig Einfluß auf Geschwürbildung

Lange Zeit glaubte man, Kortikosteroide – das sind Medikamente, die Hormone der Nebennierenrinde enthalten – würden die Entstehung von Magen- und Zwölffingerdarmgeschwüren merklich begünstigen. Nach heutigen Erkenntnissen bewirken sie jedoch, wenn überhaupt, höchstens eine Verdoppelung der üblichen Geschwürbildungsrate (die in Deutschland bei etwa fünf Prozent der Bevölkerung liegt).

Rheumamittel greifen die Magenschleimhaut an

Ganz anders verhält es sich dagegen bei Medikamenten gegen Rheumatismus und Gelenkbeschwerden, die durch Abnutzungserscheinungen bedingt sind. Sie werden mit dem Sammelbegriff »nichtsteroidale Antirheumatika« (NSAR) bezeichnet. Das älteste und am stärksten auf die Magen-, Zwölffingerdarm- und sogar auf die Dünn- und Dickdarmschleimhaut wirkende NSAR ist Acetylsalicylsäure (ASS). Ihr schädigender Einfluß auf die Magenschleimhaut ist seit über 50 Jahren bekannt, aber erst in den letzten zehn bis fünfzehn Jahren als Problem deutlich in Erscheinung getreten. Das liegt an dem extrem angestiegenen Verbrauch von ASS, das auch in Kopfschmerztabletten und anderen Schmerzmitteln enthalten ist: Immer mehr Menschen erreichen ein höheres Lebensalter, und damit nehmen auch die Gelenkbeschwerden zu.

Bildung schleimhautschützender Stoffe wird gestört

In Abhängigkeit von der täglich konsumierten Menge verursachen nichtsteroidale Antirheumatika Rötungen der Magenschleimhaut bis hin zum großen Magengeschwür. Sie bringen das gesunde Gleichgewicht zwischen den schleimhautschützenden und den schleimhautschädigenden Faktoren im Magen (vgl. Kapitel »Geschwüre im Magen und Zwölffingerdarm«, S. 93 ff.) durcheinander, indem sie die Bildung von Prostaglandinen hemmen – Stoffen, die für die Produktion von schützendem Magenschleim sorgen, aber auch an Entzündungsprozessen wie z.B. bei Rheuma beteiligt sind. Rheuma- und Schmerzmittel helfen gegen diese Entzündungsbeschwerden, vermindern jedoch gleichzeitig den Schleimhautschutz und machen die Magenschleimhaut angreifbar für die aggressive Magensäure.

Mögliche Folgen: Geschwüre und Magenblutungen

Schleimhautschäden treten vorwiegend innerhalb der ersten acht Tage der Behandlung mit NSAR auf und gehen dann allmählich wieder zurück. Der Körper paßt sich in dieser Zeit der Situation an, indem er die Zellneubildung beschleunigt, also zerstörte Zellen schneller ersetzt. Es kann aber auch zu einer Zunahme der Schäden bis zur schweren Magenblutung oder zum Magendurchbruch kommen. Besonders ältere Frauen, deren Krankengeschichte den Arzt auf mehrmalige bereits abgelaufene Magenleiden schließen läßt, zählen zu den Betroffenen. 40 bis 50 Prozent der Menschen, die NSAR einnehmen, klagen über Magenbeschwerden im Sinne einer funktionellen Dyspepsie. Mitunter stellt sich der Zusammenhang zwischen der Einnahme der Mittel und den Beschwerden erst heraus, wenn der Arzt bei der Untersuchung gezielt danach fragt, weil die Gelenkschmerzen bei den Patienten im Vordergrund stehen.

Schleimhautschäden durch NSAR sind nachweisbar

Führt der Arzt bei Menschen, die diese Medikamente einnehmen und keine Beschwerden haben, eine Magenspiegelung durch, so findet er bei etwa einem Drittel von ihnen Schäden an der Magenschleimhaut. Treten unter dem Einfluß von NSAR Magenbeschwerden auf, so sind sogar in drei Viertel der Fälle solche Schäden nachweisbar. Geschwürkranke nehmen doppelt so häufig NSAR ein wie Patienten mit einer funktionellen Dyspepsie, hinter der sich kein Geschwür verbirgt. Ebenso finden sich bei Menschen, die unter Magenbeschwerden leiden, doppelt so häufig Magenschleimhautschäden in der Gruppe, die NSAR einnimmt, wie in der Gruppe, die nicht auf diese Mittel zurückgreift.

Durch Schmerzmittel bleiben Geschwüre lange unbemerkt

Nichtsteroidale Antirheumatika können also zweifellos schleimhautschädigend wirken und bei einem Teil der betroffenen Menschen so große Schäden verursachen, daß es zu einer schweren Erkrankung kommt. Das »Tückische« an diesen Mitteln ist – und das sollte man wissen, wenn man sie einnehmen muß –, daß sie durch ihre schmerzstillende Wirkung (Acetylsalicylsäure) die Empfindungsschwelle für Schmerzen herabsetzen und damit das Beschwerdebild verschleiern. Komplikationen wie Blutungen und Geschwürsdurchbrüche können deshalb ohne wesentliche Vorzeichen ganz plötzlich auftreten!

Bei entsprechender Behandlung läßt sich die Entstehung von Schleimhautschäden aber weitgehend vermeiden. Mittlerweile hat die Forschung Medikamente entwickelt, deren Wirkung auf die Schleimhäute des Verdauungstraktes geringer ist als die der früheren NSAR. Auch genügt in bestimmten Fällen, z. B. wenn es darum geht, die Bildung von Blutgerinnseln zu verhindern, eine herabgesetzte Dosis von Acetylsalicylsäurepräparaten.

Neuere Rheumamittel sind »sanfter«

Am günstigsten ist es, gleichzeitig mit NSAR Medikamente einzunehmen, wie sie allgemein in der Behandlung von Magengeschwüren eingesetzt werden. Der Arzt wird solche Zusatzmedikamente gleich zu Beginn der Behandlung mit NSAR verordnen, wenn sein Patient zu einer Risikogruppe mit erhöhter Neigung zu Magengeschwüren gehört.

Zusätzliche Medikamente für Risikopatienten

Denn NSAR sind wertvolle Medikamente, die beispielsweise nach einem Herzinfarkt einen erneuten Infarkt verhüten helfen. Auf keinen Fall darf sie der Patient, wenn er Magen- bzw. Oberbauchbeschwerden bekommt, ohne Beratung mit dem Arzt einfach weglassen. Treten solche Beschwerden auf, sollte man unbedingt zum Arzt gehen. Ein Alarmzeichen für den Arztbesuch ist außerdem der schon beschriebene Teerstuhl (schwarze Färbung). Daran können Blutungen im Magen-Zwölffingerdarm-Bereich schuld sein, wie sie möglicherweise unter der Einnahme von NSAR ausgelöst werden.

Bei NSAR-Einnahme auf Blutungszeichen achten!

Wenn Sie also auf längere Zeit diese Mittel regelmäßig schlucken müssen: Halten Sie sich an die Anweisungen Ihres Arztes. Und falls Sie Beschwerden bekommen, unklare Veränderungen oder gar Alarmsymptome bemerken, sollten Sie möglichst bald Ihren Arzt zu Rate ziehen.

Streß – ein Gesundheitsrisiko?

Das englische Wort »stress« bedeutet Anspannung, Druck, Belastung. Wenn ich mich »im Streß« oder »gestreßt« fühle, kann diesem Zustand eine Vielzahl von Auslösefaktoren zugrunde liegen: körperliche und seelische Belastungen im beruflichen wie im privaten Leben, Anstrengung, Hetze, Ärger, Angst, Schmerzen und ähnliches. Der Körper begegnet diesen Situationen oder Empfindungen mit bestimmten Allgemeinreaktionen, die die Medizin als »Streß« bezeichnet. Streß versetzt den Menschen in die Bereitschaft, auf körperlichen und/oder seelischen Druck entsprechend zu reagieren. Daraus läßt sich schließen, daß Streß in erster Linie keine negative, sondern eine nützliche, lebenserhaltende Reaktion ist. Man kann auch sagen: Ein bißchen Streß gehört nun mal zum Leben.

Streß: die Körperreaktion auf Belastung

Streßreaktion war ursprünglich lebenserhaltend

Wenn die streßauslösende Situation vorbei ist, klingt auch die Streßreaktion ab. Bringen es die heute vielfach üblichen Lebensumstände aber mit sich, daß ein belastendes Ereignis das andere jagt (Terminhetze, Existenzangst, Leistungsdruck, Spannungen in der Partnerschaft und viele andere Möglichkeiten), dann kann der Streß auch zu einem Gesundheitsrisiko werden. Die Schutzfunktion Streß verwandelt sich in einen schädigenden Faktor. Und das um so mehr, wenn zur vermeintlichen Streßbekämpfung die Zigarette kaum noch ausgeht oder immer häufiger der Alkohol herhalten muß.

Dauerstreß führt zu Gesundheitsschäden

Belastungsgrenze liegt bei jedem anders

Die Schwelle, ab deren Überschreiten Streß einen negativen Einfluß ausübt, liegt bei jedem anders. Sie hängt von der Persönlichkeit des Betroffenen, seiner Einstellung zum streßauslösenden Ereignis, seinem Lebensstil und der Schwere der Belastung ab. Streß wird dann zum krankmachenden Faktor, wenn der Mensch nicht die richtige Einstellung dazu findet.

Auch Streß kann magenkrank machen

Streß wirkt über das vegetative (nicht bewußt steuerbare) Nervensystem auf die verschiedenen Organe ein und kann auch im Magen zusammen mit anderen Risikofaktoren zu Krankheiten führen. »Der Magen ist ein Resonanzorgan der Seele, das sehr empfindlich auf psychische Belastungen reagiert.«

Gespräch mit dem Arzt hilft Streßfaktoren erkennen

Obwohl viele Magenkranke von Streßfaktoren und deren Beziehungen zu Magenkrankheiten gehört haben, lassen sie den Einfluß von Streß bei sich selbst häufig kaum gelten. Erst wenn sich ein gutes, vertrauensvolles Verhältnis zwischen Arzt und Patient entwickelt hat, in dem offene Gespräche möglich sind, schaffen es diese Menschen, auch solche Zusammenhänge zu erörtern. Das betrifft insbesondere Spannungen in Partnerschaft und Familie, Belastungen im beruflichen Umfeld und Probleme, die sich um die Zukunftsbewältigung drehen.

Kommt es unter diesen Bedingungen bei Geschwürkranken zu einem Ulkusschub, also einem akuten Rückfall, dann wirkt sich ein Aufenthalt im Krankenhaus sicherlich günstig aus. Aber auch zu Hause sollte man sich Bettruhe gönnen und den Beschwerden beispielsweise mit einem feuchtwarmen Bauchwickel »zu Leibe rücken«.

Wer einen (streß)empfindlichen oder kranken Magen hat, sollte versuchen – wie schwierig es auch immer sein mag –, starke Belastungen, Konflikte, ständigen Zeit- und Leistungsdruck abzubauen oder zu vermeiden. Entspannung und Ruhe sind die beste Medizin und die einfachsten Mittel, etwas für sich selbst und gegen den Streß zu tun. Und wenn die Probleme überhandnehmen, sollte man sie nicht hinunterschlucken oder allein damit fertig werden wollen, sondern mit guten Freunden oder in einem persönlichen Gespräch mit dem Arzt darüber reden. Vielleicht fällt Ihnen dann nicht nur ein Stein vom Herzen, sondern es löst sich auch das, was Ihnen »wie ein Stein im Magen liegt«, allmählich in Wohlgefallen auf …

Probleme nicht schlucken, sondern darüber reden!

Pflanzliche Heilmittel

Bei leichteren Verdauungsstörungen, akuten Magenverstimmungen oder einem »nervösen Magen« können bestimmte Heilpflanzen, angewandt vor allem in Form von Teezubereitungen, helfen. Wer unter chronischen Magenbeschwerden leidet, hat oft schon die Erfahrung gemacht, daß solche Kräutertees zumindest Linderung bringen. Die Wirkung pflanzlicher Heilmittel gegen Beschwerden im Magen-Darm-Trakt setzt dabei an verschiedenen Stellen an. Es gibt Heilkräuter, deren Inhaltsstoffe die Produktion von Magensaft und Galle fördern und damit den Appetit und die Verdauung anregen. Andere wiederum helfen gegen Krämpfe und Blähungen und beruhigen den Magen. Manche enthalten entzündungshemmende Substanzen oder

Kräutertees lindern Magenbeschwerden

Schleimstoffe, die eine geschädigte Magenschleimhaut vor dem aggressiven Einfluß der Magensäure schützen. Und einige zählen durch ihre Kombination von verschiedenen Wirkstoffen zu den vielseitigen Pflanzenarzneien, die nicht nur im Magen-Darm-Bereich Verwendung finden.

Manche Kräuter enthalten mehrere Wirkstoffe

Im folgenden wollen wir Ihnen eine Auswahl von Heilpflanzen und entsprechenden Teerezepturen vorstellen, wie sie bei Magenbeschwerden und Verdauungsstörungen sinnvoll eingesetzt werden können.

Einige grundsätzliche Hinweise sollen diesen Gebrauchsanleitungen allerdings noch vorausgehen. Bedenken Sie vor allem eins: Heilpflanzentees können zur Besserung von Beschwerden beitragen, Schmerzen und Krämpfe lindern, aber sie sind keine »Wundermittel«. Wer auf ihre Heilwirkung vertraut, sollte sich der Möglichkeiten und Grenzen ihrer Anwendung bewußt sein und nicht zuviel erwarten.

Heilpflanzen sind keine »Wundermittel«

Wenn Magenbeschwerden plötzlich und kurzfristig auftreten und der Betroffene eine eindeutige Erklärung dafür hat – z.B. die Geburtstagsfeier vom Abend vorher mit reichlichem Alkoholgenuß –, sind Heilkräutertees sicher ein geeignetes Mittel zur Selbsthilfe. Bei heftigen, bis dahin unbekannten Magenschmerzen oder wenn Sie eins der im Kapitel »Das Gespräch mit dem Arzt« beschriebenen Alarmzeichen an sich beobachten, sollten Sie dagegen unbedingt zuallererst zum Arzt gehen, und natürlich auch dann, wenn Sie über einen Zeitraum von mehr als zwei Wochen Magenbeschwerden haben, die nicht abklingen. Hat der Arzt eine ernst-

Ernsthafte Erkrankung muß ausgeschlossen sein

hafte Erkrankung ausgeschlossen und statt dessen festgestellt, daß ein »nervöser Magen« für Ihre Beschwerden verantwortlich ist, so läßt sich gegen ein unterstützende Behandlung mit Heilpflanzentees nichts einwenden.

Welche Kräuter dem einzelnen am besten helfen und welche er am besten verträgt, muß jeder selbst ausprobieren. Die pflanzlichen »Rohstoffe« – meist Blüten, Blätter oder Wurzeln –, die Sie für die Teezubereitung brauchen, bekommen Sie in getrockneter, standardisierter Form in der Apotheke (die Bezeichnung »standardisiert« bedeutet, daß eine bestimmte Menge an Pflanzenteilen immer etwa den gleichen Wirkstoffgehalt aufweist). Sie können Tees aus den Bestandteilen einzelner Heilpflanzen herstellen; manche Pflanzen enthalten, wie erwähnt, von Natur aus gleich mehrere natürliche Inhaltsstoffe in Kombination.

Tees aus Blüten, Blättern, Wurzeln

Je nach Art der Beschwerden und der erwünschten Wirkung lassen sich aber auch verschiedene Heilpflanzen für Teemischungen miteinander kombinieren. Rezepte für einige solche Teemischungen finden Sie ebenfalls in diesem Kapitel. Lassen Sie sich in der Apotheke beraten, und versuchen Sie selbst, welche Tees bei Ihnen am besten ansprechen.

Hier finden Sie Rezepte auch für Teemischungen

Die »Tausendsassas« unter den Heilpflanzen, was ihre vielseitige Verwendbarkeit betrifft, sind gerade für den Magen-Darm-Bereich die Kamille, die Pfefferminze, die Schafgarbe und die Melisse. Alle vier enthalten Substanzen, die krampflösend wirken und sich deshalb zur Linderung krampfartiger Magen-

Welche Kräuter sind am besten für den Magen?

und Darmbeschwerden eignen. Kamille, Pfefferminze und Schafgarbe haben außerdem entzündungshemmende Eigenschaften, Melisse beruhigt die Nerven und läßt sich sinnvoll bei nervösen Magenbeschwerden einsetzen. Pfefferminze hilft zusätzlich gegen Übelkeit und Brechreiz. Allerdings wird sie von magenempfindlichen oder magenkranken Menschen häufig schlecht vertragen (vgl. Kapitel »Sodbrennen – die Dyspepsie vom Rückflußtyp«). Kamillentee ist wegen seiner antientzündlichen und entkrampfenden Wirkung heilungsfördernd bei akuter Magenschleimhautentzündung.

Entzündungshemmend: Kamille, Pfefferminze, Schafgarbe

Bei Gastritis Rollkur mit Kamille

Um Gastritisbeschwerden zu lindern, können Sie auch eine Rollkur mit Kamille versuchen: Bereiten Sie dazu einen Kamillentee nach dem untenstehenden Rezept, lassen Sie ihn zehn Minuten ziehen und seihen ihn dann ab. Trinken Sie den Tee im Liegen, am besten morgens auf nüchternen Magen. Danach drehen Sie sich nacheinander jeweils für fünf Minuten auf den Rücken, auf die linke Seite, auf den Bauch und zum Schluß auf die rechte Seite. So kommt die entzündete Magenschleimhaut rundum gleichmäßig mit dem Kamillentee in Berührung.

Den Tee aus den vier genannten Heilpflanzen bereiten Sie nach folgenden Rezepten zu.

Kamillentee

Ungesüßt auf nüchternen Magen trinken

Übergießen Sie einen gehäuften Eßlöffel Kamillenblüten mit 150 Milliliter heißem Wasser, lassen Sie das Ganze zehn Minuten ziehen und seihen es durch. Trinken Sie viermal täglich eine Tasse frisch zubereiteten Tee ungesüßt auf nüchternen Magen.

Pfefferminztee
Übergießen Sie zwei gestrichene Teelöffel Pfefferminzblätter mit 150 Milliliter heißem Wasser, und lassen Sie das Ganze fünf bis zehn Minuten ziehen. Trinken Sie zur raschen Schmerzlinderung, z.B. bei verdorbenem Magen, zwei Tassen gut warm in kleinen Schlucken, ansonsten dreimal täglich eine Tasse des frisch bereiteten Tees zwischen den Mahlzeiten.

Pfefferminztee sollten Sie wegen seines Gehaltes an ätherischen Ölen (Menthol) nur in der angegebenen Menge pro Tag trinken und auch nicht als »Tee für jeden Tag« verwenden. Pfefferminzöl läßt den unteren Schließmuskel der Speiseröhre erschlaffen. Deshalb kann Pfefferminztee Sodbrennen begünstigen.

Nicht als »Tee für jeden Tag« geeignet

Schafgarbentee
Überbrühen Sie zwei gehäufte Teelöffel Schafgarbenkraut mit 150 Milliliter kochendem Wasser, lassen Sie den Aufguß zehn Minuten zugedeckt ziehen und seihen das Ganze dann durch. Trinken Sie drei- bis viermal täglich eine Tasse Tee zwischen den Mahlzeiten. Schafgarbentee enthält neben ätherischem Öl auch Bitterstoffe, die den Appetit anregen (vgl. Seite 154).

Schafgarbe enthält anregende Bitterstoffe

Eine Gruppe von pflanzlichen Heilmitteln wirkt besonders gut gegen krampfartige Verdauungsbeschwerden, Völlegefühl und Blähungen. Verantwortlich dafür sind ihre Hauptbestandteile, die ätherischen Öle. Dazu zählen Fenchel, Kümmel, Engelwurz, Salbei und andere. Für die Zubereitung der beiden bekanntesten und meistverwendeten Heilpflanzentees aus Fenchel und Kümmel – viele

Ätherische Öle wirken krampflindernd

Mütter kennen die blähungslindernde Wirkung von Fencheltee bei Säuglingen und Kleinkindern – finden Sie im folgenden die Rezepte.

Fencheltee

Zerquetschen setzt ätherische Öle frei

Überbrühen Sie ein bis zwei Teelöffel frisch zerquetschte Fenchelfrüchte mit 150 Milliliter kochendem Wasser, und lassen Sie die Mischung fünf bis zehn Minuten zugedeckt ziehen. Trinken Sie täglich zwei- bis viermal eine Tasse frisch zubereiteten, warmen Tee zwischen den Mahlzeiten.

Kümmeltee

Überbrühen Sie ein bis zwei Teelöffel zerquetschte Kümmelfrüchte mit 150 Milliliter kochendem Wasser, lassen Sie den Aufguß zehn bis fünfzehn Minuten ziehen, und seihen Sie ihn dann durch. Trinken Sie zwei- bis viermal täglich zwischen den Mahlzeiten eine Tasse frisch zubereiteten Tee.

Bitterstoffe regen Appetit und Verdauung an

Verboten bei Geschwüren!

Eine weitere Gruppe von Heilpflanzen wirkt durch die enthaltenen Bitterstoffe, die die Sekretion von Magen- und Gallensaft fördern und den Appetit anregen. Sie können gegen Verdauungsstörungen und Appetitlosigkeit helfen. Damit die appetitanregende Wirkung der Bitterstoffe richtig zur Geltung kommt, müssen die Kräutertees vor dem Essen getrunken werden – bei Verdauungsstörungen dagegen nach dem Essen. Weil sie dazu führen, daß vermehrt Magensäure gebildet wird, dürfen solche Heilpflanzen auf keinen Fall angewendet werden, wenn gleichzeitig ein Magen- oder Zwölffingerdarmgeschwür besteht. Zu diesen Heilkräutern gehören z.B. Andorn, Benediktenkraut, Tausendgüldenkraut,

Enzian und Wermut. Aus den drei letzteren können Sie folgende Tees zubereiten:

Tausendgüldenkrauttee
Überbrühen Sie ein bis zwei gehäufte Teelöffel mit 150 Milliliter kochendem Wasser, lassen Sie den Aufguß zehn Minuten ziehen und seihen ihn durch. Trinken Sie dreimal täglich jeweils eine halbe Stunde vor dem Essen eine Tasse mäßig warmen Tee.

Anregende Tees vor dem Essen trinken

Enziantee
Übergießen Sie einen halben Teelöffel Enzianwurzel mit 150 Milliliter kochendem Wasser, und lassen Sie den Aufguß fünf bis zehn Minuten lang ziehen (nicht kochen). Trinken Sie täglich vor den Mahlzeiten jeweils eine Tasse warmen Tee.

Wermuttee
Überbrühen Sie einen halben Teelöffel Wermutkraut mit 150 Milliliter kochendem Wasser, und lassen Sie das Ganze zehn Minuten ziehen. Trinken Sie dreimal am Tag eine halbe Stunde vor dem Essen eine Tasse warmen, ungesüßten Tee. Wegen des Gehalts an ätherischem Öl sollten Sie die Tagesdosis von drei Tassen nicht überschreiten und die Behandlung mit Wermuttee nicht länger als höchstens drei bis vier Wochen durchführen.

Süßholz unterstützt die Geschwürbehandlung

Eine Heilpflanze, die genau entgegengesetzt wirkt, ist das Süßholz (Lakritze): Es begünstigt die schützende Funktion des Magenschleims und kann daher unterstützend in der Behandlung von Magen- und Zwölffingerdarmgeschwüren angewandt werden. Süßholz fördert allerdings die Speicherung von

Natrium im Körper, das wiederum Wasser bindet. Bei zu hoher Dosis und Langzeitanwendung können Gesicht und Beine infolge von Wassereinlagerungen anschwellen. Hoher Blutdruck, Nierenerkrankungen und Schwangerschaft sind Gegenanzeigen für die Anwendung, die auch nicht über sechs Wochen hinausgehen sollte. Am besten fragen Sie Ihren Arzt, ob und wie lange Sie Süßholztee trinken dürfen.

Nicht länger als 6 Wochen trinken

Süßholztee

Übergießen Sie einen gestrichenen Teelöffel Süßholzwurzel mit 150 Milliliter kochendem Wasser, lassen Sie das Ganze zwei Minuten kochen und danach noch fünf Minuten ziehen, dann seihen Sie den Tee durch. Trinken Sie dreimal täglich eine Tasse Tee nach dem Essen.

Einige Heilpflanzen eignen sich, weil sie – als Kaltauszug oder Tee zubereitet – Schleimstoffe enthalten, zur Behandlung entzündeter Schleimhäute in Magen und Darm. Die Schleimstoffe legen sich ähnlich dem vom Magen selbst produzierten Schleim wie ein Film auf die gereizte oder geschädigte Schleimhaut und schützen sie gegen die aggressive Magensäure. Am bekanntesten sind Leinsamen (der auch eine mild abführende Wirkung hat), Eibisch und Malve. Hier noch zwei Rezeptbeispiele zur praktischen Anwendung:

Schleimstoffe schützen gegen Magensäure

Kaltauszug aus Leinsamen

Setzen Sie einen halben bis ganzen Eßlöffel Leinsamen mit einer Tasse (150 Milliliter) kaltem Wasser an, und lassen Sie die Mischung eine halbe Stunde zugedeckt stehen. Trinken Sie zwei- bis dreimal am

Tag eine Tasse von dem Auszug (mit den Samen), am besten etwas angewärmt.

Kaltauszug aus Eibisch
Setzen Sie zwei bis drei gehäufte Teelöffel Eibischwurzel mit 150 Milliliter kaltem Wasser an, lassen Sie das Ganze unter Umrühren eine Stunde ziehen, und seihen Sie es durch. Trinken Sie mehrmals täglich eine Tasse des frisch zubereiteten Tees.

Zum Schluß wollen wir Ihnen noch einige – ebenfalls standardisierte – Teemischungen aus verschiedenen Heilpflanzen vorstellen, deren Inhaltsstoffe zur Linderung von Magen-Darm-Beschwerden sich gegenseitig sinnvoll ergänzen. Die Zutaten können Sie sich nach diesen Rezepten in der Apotheke mischen lassen.

Teemischungen: Inhaltsstoffe sinnvoll kombiniert

Bewahren Sie die fertigen Teemischungen an einem Ort auf, wo sie vor Licht und Feuchtigkeit geschützt sind. Für alle folgenden Tees gilt grundsätzlich: Nicht länger als sechs Wochen regelmäßig trinken! (Die Abkürzung »g« steht für Gramm.)

Anregender Magentee
Regt den Appetit an und wirkt gegen Völlegefühl und Blähungen. **Nicht** bei Magen- und Zwölffingerdarmgeschwüren anwenden!

Bei Geschwüren ist anregender Tee tabu!

35,0 g Engelwurz
35,0 g Schafgarbenkraut
10,0 g Tausendgüldenkraut
10,0 g Wermutkraut
5,0 g Anisfrüchte
5,0 g Basilikumkraut

Übergießen Sie zwei Teelöffel der Mischung mit 150 Milliliter kochendem Wasser, lassen Sie das Ganze zugedeckt fünf bis zehn Minuten ziehen, und seihen Sie es dann ab. Trinken Sie jeweils eine Tasse des frisch zubereiteten, mäßig warmen Tees eine halbe Stunde vor den täglichen Mahlzeiten.

Krampflindernder Magen- und Darmtee

Gegen Blähungen und Völlegefühl

Hilft bei krampfartigen Magen- und Darmbeschwerden und gegen Völlegefühl und Blähungen.

25,0 g Baldrianwurzel
25,0 g Kümmelfrüchte
25,0 g Pfefferminzblätter
25,0 g Kamillenblüten

Übergießen Sie einen Eßlöffel der Teemischung mit 150 Milliliter siedendem Wasser, lassen Sie das Ganze etwa zehn Minuten ziehen, und seihen Sie es dann durch. Trinken Sie jeden Tag eine Tasse frisch zubereiteten, warmen Tee, und zwar jeweils zwischen den Mahlzeiten.

Magentee gegen akute Magenbeschwerden

Besonders gut bei verdorbenem Magen

Diese Teemischung ist besonders gut geeignet zur Linderung von Beschwerden bei verdorbenem Magen oder einer akuten Magenverstimmung und bei Magenschleimhautentzündung, und zwar durch die Kombination entzündungshemmender, krampflösender und brechreizstillender Wirkstoffe.

30,0 g Kamillenblüten
25,0 g Pfefferminzblätter
20,0 g Schafgarbenkraut
10,0 g Melissenblätter
10,0 g Malvenblüten
5,0 g Ringelblumenblüten

Für die Zubereitung und Anwendung dieses Tees gelten die gleichen Vorgaben wie für den krampflindernden Magen- und Darmtee.

Magentee bei chronischen Magenerkrankungen

Unterstützt die ärztliche Behandlung

Diese Teemischung soll die ärztliche Behandlung, im Einklang mit der an Ort und Stelle besprochenen Umstellung der Eß- und Lebensgewohnheiten (s. Kapitel »Die Behandlung von Geschwüren«), bei chronischer Gastritis bzw. Magengeschwüren begleiten und unterstützen.

45,0 g Kamillenblüten
25,0 g Süßholzwurzel
15,0 g Schafgarbenkraut
10,0 g Malvenblätter
5,0 g Ringelblumenblüten

Für die Zubereitung und Dosierung richten Sie sich nach den Anweisungen für die beiden letztgenannten Teemischungen.

Gute Aussichten für Magenkranke

In allen Industriestaaten geht die Zahl der Magenkrebserkrankungen zurück. Das sollte uns alle – Patienten und Ärzte – aber nicht von dem Ziel abbringen, den Magenkrebs wesentlich häufiger, als es jetzt noch geschieht, in einem möglichst frühen Stadium zu entdecken. Denn trotz der sinkenden Krankheitsfälle gehört diese Krebsart zu den am meisten verbreiteten. Wir wissen, daß die Heilungschance durch Operation in der anfänglichen, noch begrenzten Wachstumsphase einer Geschwulst zehnmal größer ist als bei einem weiter fortgeschrittenen Magenkrebs. Mit dem Verfahren der Magenspiegelung, bei dem der Arzt gleichzeitig eine Gewebeprobe aus einem verdächtigen Bereich entnehmen kann, steht uns heute eine Methode zur Verfügung, die das rechtzeitige Erkennen eines Krebses wesentlich erleichtert.

Magenkrebs muß noch häufiger früh erkannt werden

Die Entwicklung der Instrumententechnik und neuer, hochwirksamer Medikamente hat auch für Menschen mit Magen- oder Zwölffingerdarmgeschwüren erhebliche Vorteile gebracht. Zum einen ist die ärztliche Diagnose sehr sicher geworden, und in der Regel ist auch die Abgrenzung eines Magengeschwürs vom Magenkrebs ohne Operation möglich. Zum anderen gelingt es mit den jetzt verfügbaren Medikamenten, fast jedes echte Magen- und/oder Zwölffingerdarmgeschwür auszuheilen. Selbst Magenblutungen infolge von Geschwüren lassen sich durch eine kombinierte Behandlung von blutstillen-

Endoskopie hat Diagnose sehr sicher gemacht

dem Eingriff über das Gastroskop und geeigneten Medikamenten weitgehend beherrschen. Schließlich haben auch die Erkenntnisse der letzten Jahre über funktionelle Magenbeschwerden und ihre Hintergründe dazu geführt, daß eine gezieltere Behandlung möglich erscheint.

Nutzen Sie die Möglichkeit der Früherkennung!

Der Arzt kann also sehr viel tun für seine Patienten – es kommt nur darauf an, daß die Betroffenen ihn rechtzeitig aufsuchen, daß sie die Möglichkeiten, die ihnen zur Früherkennung ernsthafter Erkrankungen geboten werden, auch nützen. Deshalb sei es jedem noch einmal ans Herz gelegt: Wer unter Magenbeschwerden leidet, die nicht nach 14 Tagen abgeklungen sind und die er sich selbst nicht eindeutig erklären kann, sollte unverzüglich zum Arzt gehen! Darin besteht die notwendige Voraussetzung, unter der man auch wirklich von »guten Aussichten« für Magenkranke sprechen kann.

A

Alarmzeichen für eine Magenerkrankung 36, 52 f., 117, 146
Alkohol 22, 51, 62, 66 f., 71, 78, 80, 83, 91, 100, 110, 136, 139, 141 f.
Alter 35, 81, 109
Antazida (säurebindende Medikamente) 64 f., 70, 73, 79, 88 f., 116 ff.
Appetitlosigkeit 78, 99, 111, 133, 136, 154 f., 157
Aufstoßen 50, 89

B

Bakterien
– im Darm 25 f., 121
– in der Nahrung 25, 78, 120
Ballaststoffe 76, 137 f., 140
Bauchfell (Serosa) 21, 23, 30, 98
Bauchhöhle 13, 98
Belastung, seelische 33 ff., 51, 57, 89, 91, 125, 136
Belegzellen 21, 28, 93, 120, 127
Beruhigungsmittel 124 f.
Bewegung, körperliche 136
Bikarbonat 30, 93, 122
Biopsie (Gewebeentnahme) 45, 72, 80 f., 97, 106 ff., 113, 161 f.
Blähungen 50, 57, 137 f., 153, 157 f.
Blutarmut 25 f., 36, 38 f., 53, 82, 96, 110, 133 f.
Bluterbrechen 36, 53, 80, 96
Blut im Stuhl (»Teerstuhl«) 36, 53, 76, 80, 96, 146
Bulbus 18, 92, 95

C

Cola 62, 66 f., 141

D

Darmzotten 29, 31; Farbtafel 2
Diät 99, 137 ff.
Dickdarm 13 f., 18, 74 ff.
Dünndarm 13 f., 17 f., 29 ff., 60, 123; Farbtafel 2
«Dumpingsyndrom« 132 f.
Dyspepsie
– essentielle 55, 71 ff.
– funktionelle 50 ff., 145
– vom Motilitätstyp 55 ff., 116
– vom Refluxtyp 55 f., 60 ff.
– vom Ulkustyp 55 f., 69 ff.

E

Eisen (aus der Nahrung) 25 f., 82, 134
Eiweiß (Verdauung) 21, 28, 66
Ekel gegen Fleisch 111
Erbrechen 36, 50, 53, 60, 70, 89, 99, 111, 123 f.
Ermüdung, schnelle 35, 54, 96

F

Fett (Verdauung) 24, 30, 59, 62, 66
Fruchtsäfte 66 f., 100, 141

G

Gastrin 27 f., 120
Gastritis s. Magenschleimhautentzündung
Geschlecht 35, 91, 109
Gespräch mit dem Arzt 52, 58, 73, 75, 125, 148 f.
Gewichtsabnahme 36, 53, 76, 99, 111, 133 f.
Gewürze, scharfe 67, 71, 83, 100, 139
Giftstoffe in Lebensmitteln 109 f.
Grillen von Fleisch/Wurst 109 f., 138

H

Heilpflanzentees 79, 149 ff.
– Teemischungen 157 ff.
Helicobacter pylori 72 f., 78, 81, 83, 91, 101 f., 110, 123
Herzdrücken 35, 54
Histamin 28, 120

I

Intrinsic-Faktor 21, 25 f., 28, 39, 82, 133

K

Kaffee 51, 62, 66 f., 71, 100, 136, 139, 141 f.
»Kaffeesatz-Erbrechen« 96
Kohlenhydrate (Verdauung) 24, 28
Kopfschmerzen 35, 54, 132, 136
Krankheitsgeschichte 34 ff., 58

L

Laboruntersuchungen 38 f.
Lebensmittelvergiftung 78

M

Magen
– Aufgaben 22 ff.
– Beschwerden, funktionelle 49 ff., 116, 123, 125, 145, 162
– Blutung 80, 87, 96 f., 106 ff., 111, 126, 144 ff., 161 f.
– Drüsen 21 ff.
– Durchbruch (Perforation) 87, 98, 111, 126 f., 144 ff.
– Eingang (Kardia) 15, 18 ff., 22
– Entfernung 128 ff.
– Form 13 f., 16 f.
– Grübchen 21 ff.
– Körper (Korpus) 15 f., 22, 27, 92 f., 120, 127 ff.
– Kuppel 15, 22
– Lage 13 f., 17
– Muskelbewegungen 22 ff., 55, 57 ff., 123
– »nervöser« 49 ff., 116, 149
– Pförtner (Pylorus) 15 f., 22 f.
– Polyp 106 ff., 126; Farbtafel 4
– Resektion s. Entfernung
– Säure s. Salzsäure
– Spiegelung (Gastroskopie) 40, 42 ff., 58, 70, 82, 87, 96, 106 ff., 113, 145, 161 f.
– Verschluß zur Speiseröhre 19 f., 61 ff., 66 ff., 123
– Verstimmung 77, 124, 149, 158
Magenausgangsteil (Antrum) 15 f., 22, 27 f., 92 ff., 123, 127 ff.
– Verengung (Stenose) 89, 98 f., 126
Magenentleerung 24, 41, 47, 116, 128
– verzögerte 55, 57 ff., 66, 94, 106, 111, 116, 123, 131
Magengeschwür 35, 39, 45 f., 53, 69 ff., 81, 85 ff., 110, 115 f., 120 ff., 125 ff., 139 ff., 156 ff., 161 f.; Farbtafeln 3, 4
– Entstehung 90 ff.
– Rückfall (Rezidiv) 70 f., 86 f., 91, 99 ff., 110, 121 ff., 126, 141
Magenkrebs 25, 35, 39, 45, 58, 82, 90, 105, 108 ff., 126, 130; Farbtafel 4
– Früherkennung 113 f., 161 f.
– Risikofaktoren 108 ff., 133, 138
Magenkurve (große, kleine) 15, 92
Magenschleimhaut
– Aufbau 21 ff., 30

– Entzündung (Gastritis) 77 ff., 152, 158 f.
– Infektion (Helicobacter pylori) 72 f., 78, 81, 83, 91, 101 f., 110, 123
– Schäden 45, 80, 143 ff.
Medikamente
– gegen Magenentleerungsstörungen (Prokinetika) 60, 73, 76., 116 f., 123 f.
– krampflösende 76, 124 f.
– säurebindende (Antazida) 64 f., 70, 73, 79, 88 f., 116 ff.
– säurehemmende 67, 70, 73, 100 ff., 116, 119 ff.
– schleimhautschützende 122 f.
Milchunverträglichkeit 131 f., 134
Motilitätsstörungen 57 ff., 94 f., 123 f.

N

Natron 64, 118
Nervensystem, vegetatives 26 f., 54, 62, 95, 148
»Nervöser Magen« 49 ff.
Nikotin 51, 62, 66, 71, 78, 91, 100, 110, 136, 141 f.
Nitrosamine 109, 138
»Nüchternschmerz« 55, 69 ff., 88 f.

O

Operation 97 f., 108, 110, 113 ff., 125 ff., 161 f.
– Verfahren nach Billroth I und II 128 ff.

P

Pepsin 21, 26, 30, 95
Pepsinwein 30
Pfefferminze 66 f., 79
Prokinetika (Mittel gegen Magenentleerungsstörungen) 60, 73, 76, 116 f., 123 f.
Prostaglandin 122, 144

R

Reflux s. Rückfluß
Reizdarm 60, 73 ff.
Reizmagen 49 ff., 74, 116
Rheumamittel 53, 78 ff., 87, 91, 100, 122, 143 ff.
Röntgenuntersuchung 40 f.
Rollkur mit Kamille 79, 152
Rückfluß (von Mageninhalt in die Speiseröhre) 60 ff., 116, 123, 140 f.

S

Säurehemmer (H_2-Blocker) 67, 70, 73, 100 ff., 116, 119 ff.
Salzsäure (Magensäure) 21 ff., 28 f., 39 f., 61 ff., 70, 82, 93 ff., 117 ff., 127 ff.
Schimmel (Lebensmittel) 109, 138
Schlafstörungen 35, 54
Schluckauf 37
Schluckschwierigkeiten 36, 53, 68 f., 131
Schmerzen
– im Oberbauch 50, 78, 111, 132
– nach dem Essen 88 f.
– nächtliche 36, 53, 55, 69 ff., 88 f.
Schmerzmittel 78 ff., 91, 100, 143 ff.
Schwangerschaft 117
Schweißausbrüche 35, 54, 132
Schwindelgefühle 35, 54, 96, 132
Sodbrennen 18 ff., 50, 55, 60 ff., 153
Speiseröhre 14 f., 18 ff., 22 ff., 62 f., 68

Speiseröhrenschleimhaut 61 ff.
– Entzündung (Reflux-Ösophagitis) 63, 68, 116; Farbtafel 4
Streß 51, 57, 62, 66, 91, 100, 147 ff.
»Streßulkus« 87 f., 122
Süßigkeiten 62, 66 f., 132, 139
Symptome, vegetative 54

T

»Teerstuhl« 36, 53, 96, 123, 146
Tochtergeschwülste (Metastasen) 105, 111

U

Übelkeit 50, 57, 60, 78, 111, 123 f., 132
»Ulkusschub«, akuter 86 f.
Ultraschalluntersuchung (Sonographie) 46 f.
Untersuchung, körperliche 37 ff.

V

Vagotomie 127 ff., 131
Vagusnerv 26 f., 62, 95, 120, 127
Vitamin B_{12} 21, 25 f., 28, 39, 82 f., 110, 133 f.
Vitamine 138 f.
Völlegefühl im Magen 50, 57 ff., 80, 89, 99, 111, 131 f., 136 ff., 153, 157 f.

W

Wismutpräparate 83, 102, 122 f.

Z

Zunge, belegte 37
Zwerchfellbruch (Hiatushernie) 18 ff., 63
Zwölffingerdarm (Duodenum) 13 ff., 17 f., 24 ff., 30 f., 123; Farbtafeln 2, 3
Zwölffingerdarmgeschwür 39, 46, 69 f., 81, 85 ff., 115 f., 120 ff., 125 ff., 139 ff., 156 ff., 161 f.; Farbtafel 3
– Entstehung 90 ff.
– Rückfall (Rezidiv) 70 f., 102, 121 ff., 126, 141

Abbildungsnachweis
Abbildungen 1–10, 13–17: Lothar H. Schnellbächer
Abbildung 12: Eitel Schwarzer

Bereits erschienene Ratgeber

Mehr als vier Millionen Menschen leiden bei uns an Diabetes und seinen Folgen. Es gibt zwar für diese chronische Erkrankung noch keine Heilmöglichkeit, doch man kann lernen, mit ihr zu leben. Der Erfolg der Therapie hängt, abgesehen von der erforderlichen Selbstdisziplin, weitgehend von der Schulung des Patienten ab. Dieser Ratgeber liefert das notwendige Wissen. Aus dem Inhalt: Ursachen, Erscheinungsformen, akute Gefährdungen, Grundlagen der Diabetes-Ernährung, verschiedene Insuline, Spritztechniken, Blutzuckerselbstkontrolle, medikamentöse Behandlung.

Immer noch werden Frauen zu einem unerwünschten Zeitpunkt schwanger. Dabei gibt es mittlerweile eine Reihe von Möglichkeiten zur Empfängnisverhütung: von der hormonellen Geburtenregelung durch die »Pille« über die sogenannten Barrieremethoden wie Kondom oder Diaphragma bis hin zur natürlichen Familienplanung. Dieser Ratgeber will Ihnen bei der Wahl der für Sie geeigneten Methode helfen. Er beschreibt ausführlich die verschiedenen Verfahren mit ihren Vor- und Nachteilen und erklärt, wie sie richtig angewendet werden.

Heilkräuter können keine Wunder vollbringen, aber sie sind sowohl als Unterstützung der medizinischen Therapie als auch zur Linderung leichter Beschwerden eine wertvolle Hilfe. Für das Buch »Heilkräuter-Abc« haben die Autoren die 60 wichtigsten Heilpflanzen ausgesucht, deren Wirkstoffgehalt und Anwendungsgebiete wissenschaftlich gesichert sind. Sie werden in einem reich bebilderten Lexikon in ihrer Wirkung und Anwendung vorgestellt. Außerdem: 30 Rezepte von Heilpflanzen-Teemischungen zur inneren und äußeren Anwendung.

Erkältungen sind oft ungeheuer lästig. Dicker Kopf, Schnupfen, Husten, Halsweh, Gliederschmerzen. Winzig kleine Tröpfchen, die besonders beim Husten und Niesen in die Luft geraten, werden eingeatmet. Dadurch gelangen bestimmte Viren in den Körper. Das Immunsystem eines gesunden Menschen begegnet den eindringenden Erregern mit ganz gezielten Abwehrmaßnahmen. »Erkältung und Grippe« beschreibt, wie man das eigene Immunsystem sinnvoll unterstützen kann, was man bei Fieber tun muß und wann man unbedingt zum Arzt gehen sollte.

Bereits erschienene Ratgeber

Die vielen Chemikalien im Haushalts- und Freizeitbereich, Luftverschmutzung, die Zusätze in Lebensmitteln, der Pollenflug – es gibt unendlich viele Auslöser lästiger oder gar bedrohlicher Allergien. Wie bei kaum einer anderen Krankheit ist der Arzt auf die Mithilfe der Betroffenen angewiesen. Das setzt aber umfassende Informationen voraus. Der Patient muß Erkennungs- und Vorbeugungsstrategien entwickeln. Der Ratgeber »Allergien« vermittelt detaillierte Informationen über verschiedene Testverfahren und mögliche Behandlungsformen.

Viele Menschen leiden unter Bluthochdruck, ohne es zu wissen. Denn diese tückische Krankheit verläuft im Anfangsstadium oft beschwerdefrei und führt erst langfristig zu Herzrhythmusstörungen, Herzschwäche, Angina pectoris und zum Infarkt. Neben ausführlichen Darstellungen der verschiedenen Folgekrankheiten an Herz, Hirn und Nieren informiert der Ratgeber über Diagnosemöglichkeiten und Selbstmessungstechniken. Er beschreibt, welche Medikamente dem Arzt heute zur Verfügung stehen, um Hypertonie zu behandeln.

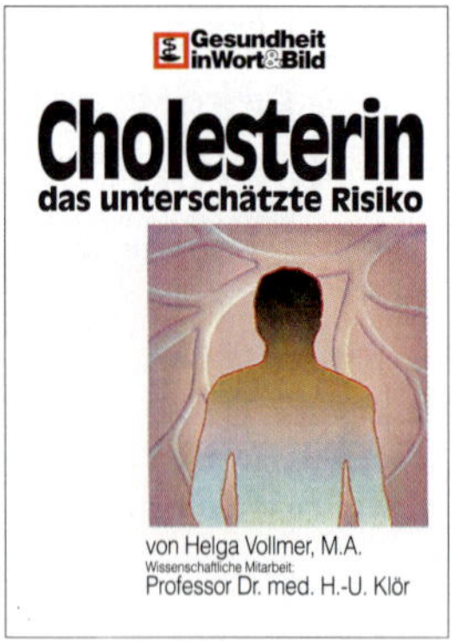

In der Bundesrepublik gehen über die Hälfte der Todesfälle auf Herz-Kreislauf-Erkrankungen zurück. Durch erhöhte Blutfette (Triglyceride und besonders Cholesterin) entsteht Arteriosklerose. Verkalken die Herzkranzgefäße, so wird das Herz schlechter mit Sauerstoff versorgt, es droht der Herzinfarkt. Der Körper braucht Fette, aber welche sind wertvoll, welche für ihn gefährlich? Die komplizierten Fettstoffwechselvorgänge werden in diesem Ratgeber in verständlicher Form erklärt. Was muß man tun, um Adern, Kreislauf und Stoffwechsel »jung« zu erhalten?

Viele Millionen Menschen leiden unter Depressionen und Angst. Dennoch sieht die Gesellschaft diesen Zustand großer Verzweiflung und Hoffnungslosigkeit immer noch nicht als »richtige« Krankheit an. Angehörige sind oft überfordert. Sie können sich die scheinbar grundlosen Angstzustände nicht erklären. Hier helfen sachliche Informationen. Dieser Ratgeber informiert über Ursachen, Erscheinungsformen und Behandlung von Depressionen und Angstzuständen. Mit Ratschlägen zur Selbsthilfe und Lebensgestaltung.

Bereits erschienene Ratgeber

Nur ganz selten kommt der Herzinfarkt »wie ein Blitz aus heiterem Himmel«. Er ist die Folge eines Verschlusses der Herzkranzgefäße. Meistens gehen dem Infarkt über einen längeren Zeitraum deutliche Anzeichen voraus. Der Ratgeber »Herzinfarkt« beschreibt diese Warnzeichen des Körpers und nennt die Risikofaktoren für einen Infarkt. Der Autor gibt Erste-Hilfe-Ratschläge, informiert über den Alltag nach dem Infarkt, über notwendige Änderungen der Lebens- und Eßgewohnheiten und schildert, wie man sein Leben auf diese Krankheit einstellen kann.

Sobald im Frühjahr die ersten Bäume und Sträucher blühen, beginnt für zehn Prozent der Bundesbürger eine wahre Leidenszeit: Die Augen röten sich, und auch die Nase läuft, Hustenreiz, Niesattacken und manchmal sogar Asthmaanfälle – das alles sind Symptome des Heuschnupfens, einer Allergie, die immer häufiger auftritt. Die Lebensqualität der Betroffenen wird nachhaltig beeinträchtigt. Schon deshalb – aber auch, um schlimmeren Folgen rechtzeitig vorzubeugen – sollte man sich so umfassend wie möglich informieren.

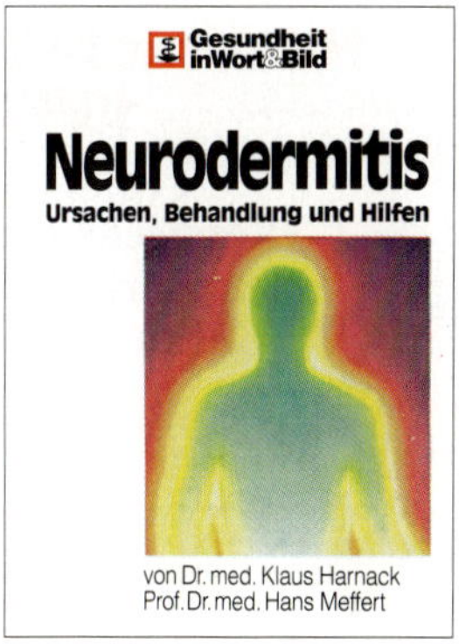

Die Zahl der Menschen, die an Neurodermitis erkranken, nimmt mittlerweile dramatisch zu. Hautausschläge und quälender Juckreiz belasten die Patienten. Die Krankheit ist erblich. Doch auch zusätzliche Faktoren wie Umwelt, Streß und Psyche beeinflussen sie. Eine Heilung der Neurodermitis kann derzeit noch nicht in Aussicht gestellt werden. Doch ermöglichen verschiedene Behandlungsverfahren zumindest eine Linderung. Dieser Ratgeber enthält wertvolle Informationen über Hautpflege, Behandlung mit Salben, Licht- und Klimatherapie.

Rheuma ist eine Volkskrankheit, die jeden angeht. Allein bei uns gibt es mehr als zwölf Millionen Betroffene. Rheuma ist ein Sammelbegriff für jede Art von Gelenkerkrankungen. Dahinter verbergen sich so unterschiedliche Erscheinungsformen wie Arthrosen, chronische Polyarthritis, Gicht, Bindegewebs- und Wirbelsäulenerkrankungen, Gelenkschädigungen durch Verschleiß, aber auch durch Bakterien und Viren. Dieses Buch enthält praktische Ratschläge zur richtigen Lebensführung und wichtige Hinweise auf Selbsthilfemöglichkeiten.

Bereits erschienene Ratgeber

Es gibt eine Vielzahl von Ursachen für Kreuzschmerzen. Sie reichen z.B. von krankhaften Wirbelsäulenveränderungen über psychische Spannungszustände bis hin zu Magen-Darm-Erkrankungen. Neben der exakten Diagnose gehört zur erfolgreichen Therapie die Mitarbeit der Patienten. Der Ratgeber »Rückenschmerzen« liefert dafür die Grundkenntnisse. Der Leser wird detailliert informiert über Behandlungsformen, erhält Hinweise zur Vermeidung von Haltungsfehlern, Tips zur Bandscheibenpflege und Informationen zur Hydrotherapie.

Etwa ein Drittel der Bevölkerung leidet ständig unter Schlafstörungen. Oft sind die Ursachen konkrete körperliche und psychische Krankheiten. Häufig handelt es sich aber um äußere Störfaktoren. Welche davon der einzelne wirksam beeinflussen kann, erläutert der Ratgeber »Schlafstörungen«. Dr. Fritz Hohagen, Leiter des Schlaflabors an der Universitätsklinik Freiburg, erklärt alles Wissenswerte. Er beschreibt, was man selbst tun kann, um Probleme beim Ein- und Durchschlafen zu beheben, und wann der Arzt eingreifen muß.

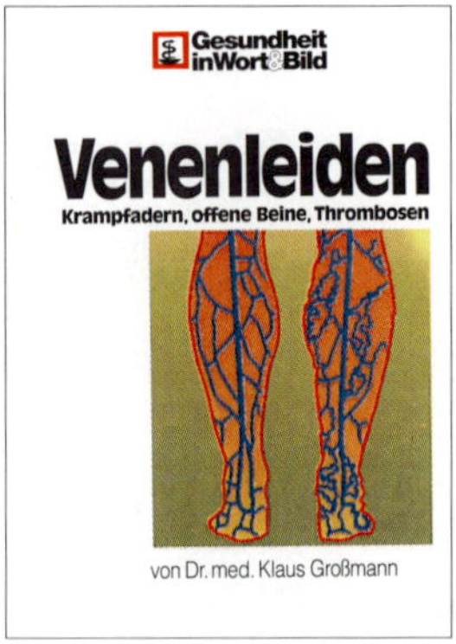

Jede zweite Frau und jeder vierte Mann haben bei uns Krampfadern. Sie werden oft nur aus ästhetischen Gründen als störend empfunden. Viele suchen erst dann den Arzt auf, wenn stärkere Beschwerden eintreten. Dabei lassen sich die chronischen Schäden bei frühzeitiger Behandlung vermeiden. Dieser Ratgeber erklärt, wie die Erkrankungen entstehen und warum es zu Komplikationen wie Thrombose und Lungenembolie kommen kann. Er beschreibt Untersuchungsmethoden und Behandlungsmöglichkeiten und gibt wichtige Hinweise zur Vorbeugung und Selbsthilfe.

Neuerscheinungen 1993

Asthma und chronische Bronchitis
Darmerkrankungen
Gesund abnehmen
Migräne und Kopfschmerzen
Pflanzliche Arzneimittel
Prostata-Erkrankungen

Weitere Bände sind in Vorbereitung.

Fragen Sie in Ihrer Apotheke, oder beachten Sie die Anzeigen in der »Apotheken Umschau«

WORT & BILD VERLAG
Konradshöhe
82065 Baierbrunn
Telefon 0 89/744 33-0
Fax 0 89/744 33-209